함께 나누며 · 함께 쓰고 · 함께 성공하는

공유 경제 시대의
네트워크 마케팅

김 학 천 지음

책연
CHAEK
YEARN

PREFACE

　　김학천 박사는 "네트워크 마케팅 경영자산이 보상성과에 미치는 영향에 관한 연구: 본사의 핵심역량과 리더의 마케팅 역량을 중심으로"란 주제로 경기대학교에서 박사학위를 취득하였고, 2018 학년도에 동대학교에서 "최고박사학위논문상"을 수상하였다. 김학천 박사의 학위수여는 국내 네트워크 마케팅 분야에서 제 1호 박사학위라는 점에서 의미 있는 업적이다.

　　글로벌 시장에서 네트워크 마케팅을 선도하는 다국적기업인 암웨이(Amway Inc.)에서 김박사는 FT 다이아몬드(Founder Triple Diamond)로 지난 25년 동안 네트워크 마케팅을 수행해 왔으며, 네트워크 마케팅 기획, 네트워크 마케팅 전략, 무형인적자원 등의 분야에서 네트워크 마케팅을 수행하였다.

　　오늘날 4차 산업혁명기술이 확산되는 시대에 김박사의 연구는 네트워크 마케팅의 조직 내에 있는 네트워크 마케터가 보유하고 있는 통합에너지(integrated energy)를 탐색해 내었다고 하는 점이며, 이 통합에너지는 조직 내에 내재되어 있는 정렴(passim)에서 찾아 볼 수 있는데, 정렴(passim), 정렴인(passim men)은 1999년 국제노동기구(ILO)가 제시한 일할 보람이 있는 인간다운 일(decent work)을 추구하고 소수의 자산 보유자, 부유층들만이 경제에 큰 영향을 미치는 플루토미 경제(plutonomy) 현상을 다수의 경영자산을 보유한 네트워크 마케터들도 함께 나누는 공유경제(sharing economic)의 중심이 되는 사회적 역할이 요구되는 시대를 예견하였다는 점에서 의미 있는 연구이다.

김학천 박사는 세계 최고 권위의 인명사전 발간 기관인 '마르퀴즈 후주 후(Marquis Who's Who)'의 '2019 알버트 넬슨평생공로상(2019 Albert Nelson Marquis Lifetime Achievement Award)'를 수상했다. 알버트 넬슨 평생 공로상은 탁월한 업적을 이룬 인물을 선정하여 수여하는 상인데, 김학천 박사는 세계적인 네트워크 마케팅 다국적기업인 Amway에서 오랜 경험과, 네트워크 마케팅 분야의 탁월한 연구성과를 달성함으로써 아시아-태평양 지역의 네트워크 마케팅 최고 전문가로 인정받으며 이 상을 받았다.

김박사는 이번 수상으로 마르퀴즈 후주 후의 전문가 데이터베이스인 'MBO(Marquis Biographies Online)'의 독점 액세스 혜택도 부여받게 된다. 마르퀴즈 후주 후는 지난 1898년부터 발간된 세계 3대 인명사전 중 하나로, 세계 각국에서 과학과 공학, 예술, 문화 등의 분야에서 훌륭한 업적을 이룬 인물이나 지도자를 선정해 국제인명사전을 발간하고 있다.

CONTENTS

제1부 4차 산업혁명 시대의 공유문화
1. 4차 산업혁명 시대 • 3
2. 공유문화와 네트워크 마케팅 • 17
3. 나눔과 빌림의 공유문화 • 27

제2부 인더스터리 4.0 시대의 네트워크 마케팅
4. 네트워크 마케팅의 변천과정 • 45
5. 네트워크 마케팅의 인적자본 • 65
6. 네트워크 마케팅의 경영성과 • 79

제3부 마케팅 4.0 시대의 네트워크 마케팅 특성
7. 네트워크 마케팅의 인적 특성 • 95
8. 네트워크 마케팅의 관계가치적 특성 • 115
9. 네트워크 마케팅의 조직적 특성 • 125
10. 네트워크 마케팅의 조직역량 • 137
11. 네트워크 마케팅의 보상성과 • 145

제4부 네트워크 혁명 시대의 네트워크 마케팅 전략

  12. 공유경제형 네트워크 마케팅 • 155

  13. 네트워크 혁명과 네트워크 마케팅 전략 • 165

  14. 인더스터리 4.0 시대의 네트워크 마케팅 실무지침 • 173

제5부 호모 모빌리언스 시대의 일과 놀이

  15. 플루토노미의 부호(富豪) 계급 • 207

  16. 200년 장생생애 시대의 플로트크라트 • 215

  17. 일할 보람이 있는 인간다운 일 (Decent Work) • 223

제1부
4차 산업혁명 시대의 공유문화

1. 4차 산업혁명 시대

세상은 보는 대로 존재한다.

The world exists as you see it.

역사적으로 1차 산업혁명의 태동은 동서양의 향신료, 설탕, 석탄을 확보하고자 하는 자원확보 전쟁에 그 기원을 두고 있다. 동로마제국이 멸망하고 이슬람화된 투르크인이 그 지역을 점령하게 되면서 오랫동안 활발했던 동서양의 교역이 원활하게 이루어지지 않고, 아랍인과 오랫동안 친분이 있는 이탈리아 상인들만 그 중개무역을 독점하게 되었다. 그 당시에 포르투칼은 유럽의 변국이었는데, 엔리케 왕자의 전폭적인 지원을 받아 아프리카를 돌아 인도로 가는 항로를 개척하게 된다. 동양과의 직접적인 거래를 위해 주요 교역대상은 인도의 향신료가 주요 거래물품이었으며, 향신료 중에서도 포르후추를 얻기 위해서 포르투칼인들은 포르투칼 왕실에서 받아온 물건들로 인도인들이 가지고 있던 후추와 물물교환을 하기에는 너무 초라한 수준이었다. 그 당시 생활수준이나 경제수준이 인도와 중국은 유럽보다 월등히 앞서 있었기 때문에 유럽이 앞서 있는 무기, 선박 건조능력, 항해기술 등을 가지고 인도의 향신료와 물물교환을 하기에는 역부족이었다. 포루투칼과 인도 간의 물물교환이 어려워지게 되면서 포르투칼인들이 무력으로 인도의 일부 항구 도시를 공격하여 항만을 건설하고, 그 항만을 거점으로 인도양 향신료 사업을 독점하는 루트를 선택하였다.

산업혁명의 태동

인도의 향신료, 후추와 달리, 남미대륙의 은은 멕시코 아카풀코를 거쳐서 필리핀 마닐라를 경유해서 중국 주요항구로 이동되는 루트를 선택하였다. 스페인이 처음 신대륙을 발견하고 대규모 은광을 발견하여 원주민의 수많은 죽음으로 통해 은을 채취하여 남미대륙으로부터 멕시코 아카풀코, 필리핀 마닐라, 중국 주요 항구를 거쳐서 스페인 세비아로 은이 이동하게 되는 루트를 선택하게 되는데, 이 은의 루트는 세계 최초로 세 개 대륙 간의 삼각무역으로 이루어 지게 된다. 필리핀 마닐라는 스페인 점령지로서 동양과의 무역의 전초기지 역할을 했던 도시이며, 멕시코 아카풀코는 에스파냐 식민지 교역지로서 주요 거점항구 역할을 하였다. 필리핀 마닐라로부터 멕시코 아카풀코 해상경로는 태평양 비단길이라 불리며 250년 간 활용되었으며, 필리핀 마닐라로부터 멕시코 아카풀코와 베라쿠르스를 경유해서 유럽으로 연결되는 에스파냐의 무역의 핵심 해상루트이다. 콜롬버스가 인도를 찾아간 것은 종교전파와 향신료, 금, 은을 얻으려고 목적이 있었으며, 또한 그 당시에 콜롬버스의 장인이 까나리아 제도에서 설탕사업을 하고 있었는데, 열대 기후에서만 재배되는 사탕수수 재배지를 찾기 위한 목적으로 인도를 찾아간 것이다. 콜롬버스가 인도를 찾아간 것은 그 당시에 설탕사업의 원리와 탁월한 경제성에 대해서 스페인들이 폭 넓은 지식을 가지고 있었다는 것을 말한다. 최초의 공장형태의 설탕제조공장들은 24시간 쉬지 않고 가동되어야 하기 때문에 대규모 노동력이 필요했기 때문에 노예선의 상상할 수도 없는 열악한 환경에서 아프리카의 원주민들을 데리고 왔다. 설탕 제조공장에서 노예의 팔이 기계에 빨려 들어가면 공장을 멈추지 않기 위해 옆에 있던 관리인들이 바로 칼로 팔을 잘라버리는 경우도 있었다.

　인도시장을 대상으로 포르투칼이 후추를 찾으러 왔을 때 물물교역은 초라한 수준이었으나, 설탕사업으로 악행을 저질렀던 영국이 설탕을 얻기 위해서 인도에 왔을 때는 정식적인 무역의 형태로 접근하였다. 영국에서 폭발적인 유행을 탔던 인도의 화려한 면직류를 수입하면서 무역이 활발하게 일어났으며, 인도산 면화도 수입하여 유럽에서 면직류를 직접 제작하게 되는 계기가 되었다. 그 당시에 영국은 삼각대륙으로부터 들여온

은이 자국 내에 풍부했기 때문에 인도의 가볍고 화려한 면직류를 얻기 위해서 그 결재를 은으로 하다보니 영국의 재산이 막대하게 고갈되는 상황이 발생하기도 하였다. 영국과 인도 간의 무역은 초기에 정식적인 무역의 형태를 띠었으나, 인도의 면직류를 빼앗기 위해서 정식적인 무역의 형태가 아닌, 강력한 해군력으로 인도를 점령하게 된다. 그 당시에 영국이 인도의 면직류를 들여오기 위해서 정식적인 무역을 통해서 인도의 면화나 면직물을 얻는 것이 아니라, 인도의 면화나 면직물을 탈취하는 방법을 사용함으로써 인도는 서서히 국제사회에서 몰락하게 되고, 영국은 세계를 향한 침략 야욕을 본격적으로 들어내기 시작하였다.

인도시장을 대상으로 스페인과 영국이 정식적인 무역의 형태가 아닌, 무력으로 향신료, 후추, 설탕을 강제로 빼앗아 갈 때만 해도 아시아가 세계 물동량의 많은 양을 차지하고 있었는데, 이후에 영국은 인도의 면화와 면직류를 탈취한 것과 같은 방법으로 중국의 차를 빼앗기 위해서 인도보다 더 야비한 방법으로 중국시장을 침투 하였다. 영국은 중국의 차를 빼앗기 위해서 은으로 결재하기가 아까워서 기존의 결재수단인 은 대신에 아편으로 결재하였는데, 이는 인도와 같이 정상적인 무역을 꺼려하는 영국이 아편을 이용해서 중국의 힘을 약화시키려는 야비한 방법을 사용하였다. 실제로 아편전쟁은 아편을 중국내에 유통시키려는 영국정부와, 아편의 확산을 막으려는 중국정부와의 갈등으로 실질적인 전쟁이 발발하게 되었으며, 영국은 산업혁명과 침략사업으로 비약적으로 발전한 해군력을 앞세워 내란으로 어지러워 힘이 많이 약해진 중국을 무력으로 무릎 꿇게 만든 계기가 되었다.

인도의 면화 및 면직물과, 중국의 차를 정식적인 무역과 무력을 동원하여 야비한 방법으로 빼앗은 영국은 그동안 무역을 통해서 벌어들인 막대한 부를 사용해서 멘체스터 지역에 있는 석탄을 채광하기 위해서 자본과 노동력을 집중하였다. 지하 깊은 탄광에 묻혀 있는 석탄을 채광해서 지상으로 끌어 올릴수 있는 증기기관을 개발하게 되면서 1차 산업혁명이 태동하게 되었다.

오늘날 세계경제는 그 어느 때보다 불확실성이 높아지고 시장의 동태성이 급변하기 때문에 경제의 흐름을 예측하고 준비하기가 어려운 상황에 직면하고 있다. 2016년에 다보스 포럼에서 제 4차 산업혁명시대가 시작되었다고 선언하였고, 2017년은 4차 산업혁명의 원년이 되는 해라고 한다. 산업혁명의 변천과정을 보면 1784년의 기계화로 대표되는 1차 산업혁명시대가 시작된 이후로, 1870년의 대량생산이 본격화된 2차 산업혁명시대, 1969년의 정보화와 자동화가 주도한 3차 산업혁명시대가 도래하였으며, 오늘날의 시대를 4차 산업혁명시대라고 일컫는데, 이는 과거의 시장의 변화가 기계화, 대량화, 정보화, 자동화 등으로 예측가능한 시장이었던 것에 비해서 오늘날은 인공지능, 사물형 인터넷, 나노기술, 생명공학, 로봇공학, 우주항공, 가상현실, 바이오, 헬스케어, 빅데이터, 자율주행차(전기차, 수소차), 태양광 등이 주도하는 기술변화가 빠른 시대에 살고 있기 때문이다.

4차 산업혁명과 일자리 창출

세계경제는 지금까지 세 차례의 산업혁명을 거치면서 그동안 산업혁명시대의 도래에 따른 산업구조의 변화, 기술의 진보, 일자리 창출 등에 있어서 부정적인 시각보다는 긍정적인 시각이 더 대두되었다. 지금까지 산업혁명시대를 거치면서 기술의 진보에 따른 산업구조의 변화가 있었고, 일자리는 노동집약적에서 지식집약적, 혹은 기술집약적, 자본집약적 일자리로 대체되는 변화가 나타났으며, 산업혁명시대를 거치면서 줄어든 일자리보다 새로운 일자리로 대체되거나 창출된 일자리가 더 늘어났다고 하는 점에서 지난 3차 산업혁명시대까지는 산업혁명이 일자리창출에 긍정적인 기여를 한 것으로 보고 있다.

지난 3차 산업혁명시대까지 시장에서 기술의 진보는 꾸준하게 있어 왔으나, 그동안 기술의 진보는 지금보다는 예측가능하며 불확실성이 상대적으로 줄어든 기술의 변화로 볼 수 있다. 이에 비해서 오늘날의 4차 산업혁명시대의 기술의 변화는 그 정도와 속도가 예측불가능하며 시장의 불확실성도 상대적으로 높아질 것으로 예상된다. 이 기술의 변화가 주도하는 4차 산업혁명시대는 산업구조의 변화뿐만 아니라, 일자리의 대 변화를 예고하고 있기 때문에, 4차 산업혁명은 곧 일자리 감소와 고용 불안정으로 이어질 수 있다는데 문제가 있다. 다보스포럼에서는 전 세계 15개국을 기준으로 2020년까지 사무관리, 제조, 예술, 미디어 분야에 710만개의 일자리가 감소하는 반면에, 컴퓨터, 수학, 건축 분야에 200만개의 신규 일자리가 창출될 것으로 예측하고 있다. 지난 3차 산업혁명시대에도 기술의 변화에 따른 일자리의 변화가 있어 왔으나, 이번 4차 산업혁명시대에는 기술의 변화를 예측하기 어렵고 시장의 불확실성이 높아지기 때문에 일자리 감소와 고용 불안으로 이어질 전망이다.

본 교재에서는 4차 산업혁명시대에 기술의 변화에 따른 산업구조의 변화, 일자리 창출에 한계를 지적하면서, 4차 산업혁명을 대비하기 위한 마케팅의 변화에 주안점을 두고 설명하고자 한다. 오늘날의 마케팅은 지금까지 소비자의 동질성과 이질성을 중심으로 논의되었던 전통적 마케팅은 한계가 있으며, 오늘날의 마케팅은 공급체인관리의 변화, 가치사슬의 변화, 유통혁명의 시대, 디지털 마케팅 시대, 사회연결망 네트워크, 소비자 기호의 변화 등이 나타나고 있으며, 이런 마케팅 환경의 변화에 신속하게 대응하기 위해서 공급체인관리에서 성과를 공유하고, 공급자와 고객 간의 관계가치를 고려하면서, 시장경제의 변화에 따른 공유경제를 실현하는 것이 마케팅에서 무엇보다 중요하다.

4차 산업혁명시대와 일자리 창출 간의 논의를 지금까지 기술의 변화에 주안점을 두고 논의하였던 것에 비해서, 본 교재에서는 네트워크 마케팅에 초점을 두고 설명하고자한다(김학천, 2018). 전통적 마케팅에 비해서 네트워크 마케팅이 가지고 있는 성과공유(benefit sharing), 관계가치(relationship value), 공유경제(sharing economy)의 이점을 활용하여 4차 산업혁명시대에 일자리 교체, 일자리 창출의 대안으로 네트워크 마케팅의 경영철학, 이론적고찰, 탐색적 추론, 실증적 연구를 통해서 정책적, 혹은 실무적 시사점을 제시하고자 한다.

4차 산업혁명기술의 확산

4차 산업혁명은 인공지능(AI), 사물인터넷(IoT), 빅데이터, 모바일 등을 활용한 기술이 정치, 경제, 사회, 문화, 스포츠 등 모든 영역에 첨단 정보통신기술이 융합되어 산업에 혁신적인 변화가 일어나는 산업혁명이다. 4차 산업혁명이란 용어는 2016년 다보스에서 개최된 세계경제포럼(World Economic

Forum, WEF)에서 소개되었으며, 정보통신기술(ICT)을 기반으로 산업에 혁신을 선도하는 새로운 산업시대를 대표하는 용어로 사용되었다. 컴퓨터와 인터넷을 기반으로 한 3차 산업혁명은 생산 및 유통시스템의 자동화를 가지고 오는 반면에, 사물인터넷과 인공지능을 기반으로 한 4차 산업혁명은 기계와 제품에 지능을 부여하는 것을 말한다. 4차 산업혁명은 모든 사물에 컴퓨터가 장착되고 정보가 사물인터넷을 통해서 연결되기 때문에 고객맞춤형 서비스가 가능하게 되며, 사물인터넷을 통해 수집된 빅데이터를 인공지능이 분석하고 처리하는 스마트한 세계가 열리게 되는 것이다. 사물인터넷과 인공지능을 기반으로 한 4차 산업혁명은 스마트 센서, 로봇기술, 클라우드 컴퓨팅, 보안, 생명과학기술 등이 대표적인 산업으로 각광 받을 전망이다.

통신하는 기계, 네트워킹으로 연결된 공장. 인더스트리 4.0으로 더 잘 알려진 "4차 산업 혁명"은 생산과 가치 체인의 디지털화와 스마트 네트워킹으로 설명할 수 있다. 여기에서 스스로 조직되는 스마트 팩토리에 대한 비전이 형성된다. 독일이 앞장서고 있는 이 프로젝트에는 많은 기업들에게 숨겨진 기회를 제공한다. 하지만 미래의 공급 체인 관리를 위해서는 몇 가지 해결해야 할 과제도 남아 있다(랄프 베른하르트, Consilio IT-Solutions GmbH 파트너).

지금 세계 경제는 다가올 미래의 거대한 산업 혁명이 눈 앞의 현실이 되고 있고, 그 중심에는 사물 인터넷이 있다. 사물 인터넷은 일상의 사물과 생활 형태를 네트워크로 연결하여 내일의 스마트 팩토리를 위한 토대가 될 것이다. 자율 주행 자동차나 식료품이 떨어지면 알려주는 냉장고는 사물 인터넷이 가상 세계로부터 현실 세계를 끌어 들이는 한 예시일 뿐이다. 이런 방식으로 일상의 사물에서 스마트 디바이스가 네트워크로 연결되고 이동성을 갖게 된다. 이와 같이 일상에서 나오는 미래 지향적인 시나리오는 산업 제조 현장에서도 비슷한 방식으로 전개될 것이다. 인더스트리 4.0은 기업의 경계를 넘어 협업할 수 있는 완전히 새로운 유형의 가능성을 제공하기 때문에 기업의 글로벌 공급체인관리를 획기적으로 바꾸게 된다. 공급 체인의 개별 콤포넌트로부터 스마트 디바이스와 장소에 상관없이 온라인 액세스를 이용하는 서비스 그리고 실시간으로 서버 인프라를 통한 정보들이 분석을 위해 제공된다. 여기서부터 스마트 팩토리에서 자동적으로 구현되고 인간의 개입을 포괄적으로 줄이는 행동 지침이 생기게 된다.

2. 공유문화와 네트워크 마케팅

함께 나는 새가 만리를 간다.

Birds flying together fly the farest away.

산업혁명을 거치면서 지구촌의 많은 국가들은 경제개발을 통해서 경제성장의 목표를 달성하는 과정에서 이전보다 더 풍요로운 문화적 환경에서 삶의 질이 높아진 국가들이 있는가 하면, 일부 국가들은 산업화, 근대화, 경제개발을 하는 과정에서 오히려 이전보다 더 문화적 혜택을 누리지 못하고, 삶의 만족도가 떨어진 국가들도 많이 있다.

산업화를 통한 대중문화의 확산은 한 국가와 사회의 문화적 수요를 양적으로 질적으로 빠르게 대량 마케팅 활동을 통해서 다수의 문화 수요자에게 제공하는 효과가 있으나, 4차 산업혁명이 사회 전반에 확산되는 상황에서 기존의 산업화를 통한 대중문화와 대량 마케팅은 한계가 있다. 경제개발 시대의 문화적 양상은 지식과 정보의 교환이 일방적, 쌍방적 흐름인 대중문화로 표출되는 반면에, 4차 산업혁명 시대의 문화적 양상은 함께 나누고 쓰는 공유문화로 나타나며, 이 공유문화의 환경에서 개인, 집단, 공동체의 지식과 정보의 흐름은 대량 마케팅에서 네트워크 마케팅으로 급속하게 전환되고 있다. 산업화를 거치면서 경제개발을 통한 성장과 발전의 의미는 신자유주의 개발과 포스트 개발의 관점에서 차이를 보이고 있다.

신자유주의 개발

신자유주의(Neoliberalism)는 경제의 효율성과 형평성을 지향하면서 경제성장의 목표를 달성하기 위해서는 시장원리의 정당성과 노동활동의 유연화를 강조한 이론이다. 오늘날 상품과 서비스의 국가 간 이동에서 무역 자유화나 기업 활동의 글로벌화라는 용어도 신자유주의의 산물이다. 신자유주의는 세계무역기구(World Trade Organization, WTO)의 전신인 관세 및 무역에 관한 일반협정(General Agreement on Tariffs and Trade, GATT)에서 지향해 온 다자간 무역협상에 대한 원칙과 방향을 제시하는데 이론적 근간이 되고 있다.

신자유주의는 지난 300년 동안 역사적으로 한 국가의 경제체제에서 시장원리의 정당성과 노동활동의 유연화를 어떻게 보고 있는가 하는 점이며, 이는 신자유주의가 18세기 이전 유럽의 중상주의에서 찾아 볼 수 있다. 당시의 지배층인 국왕, 귀족, 중상인 세력들이 지배세력으로 등장하면서 시장원리의 정당성을 불공정하게 만들고 노동활동의 유연화를 훼손시키면서 시장과 노동의 자유화를 통한 경제체제의 변화가 요구되었던 시기이다.

　18세기 중반부터 19세기 초반까지 산업혁명(industrial revolution)을 통한 자유주의 경제체제가 등장하면서 18세기 이전에 유럽의 중상주의는 시장원리의 정당성과 노동활동의 유연화라는 측면에서 자유주의 경제체제로 등장하게 된다. 영국은 유럽의 다른 국가들에 비해서 17세기 명예혁명(glorious revolution)을 거치면서 봉건제도가 해체되어 자유로운 농민층을 중심으로 모직물 공업이 발달하였고, 기계와 동력에 필요한 풍부한 석탄과 철의 확보, 제 2차 인클로저 운동(enclosure)의 기반으로 산업혁명을 주도하게 되었다. 영국의 산업혁명은 경제적으로 산업구조와 경제활동의 혁신적 변화를 가져옴과 동시에, 정치적으로 왕족과 귀족계급의 붕괴와 함께 부르주아층이 신흥계급으로 등장하면서 차티스트 운동(chartist movement)이 확산되었고, 이를 계기로 영국 사회는 점차 18세기 이전의 중상주의 경제체제에서 자유주의 경제체제로 변모하게 되었다.

　산업혁명시대의 자유주의 경제체제는 20세기에 접어들면서 자유주의는 케인즈주의(Keynes principle)와 신자유주의(Neoliberalism)의 논쟁으로까지 확산되었다(Williams et al., 2009; Porter et al., 2012). 이 두 이론의 논쟁은 시장원리의 정당성과 노동활동의 유연화를 어떻게 볼 것인가 하는데 있다. 케인즈주의 개발은 시장원리의 정당성 측면에서 정부가 시장에 적극적으로 개입하여 소득평준화와 완전고용을 달성함으로써 노동활동의 유연화를 지향하자는데 있다. 케인즈주의는 경제정책의 문제는 경제적 자유방임주의의 실패로 인해서 발생하는 문제점이며, 금리인하를 통한 통화정책과 정부의 인프라 투자를 통한 재정정책을 강조한 이론이다. 케인즈파 경제학자들은 18세기 후반의 고전파 경제학자들과 달리 경제가 불황기에 접어들었을 때 상품에 대한 총수요를 촉진함으로써 경제에 활력을 이끌 수 있다는 점을 강조하였으며, 1930년대 이전에 공급측면의 경제학이 주류를 이루던 상황에서 케인즈주의는 소비측면의 경제학을 강조한 이론으로써 실제로 1930년대의 높은 실업률과 디플레이션을 타개하기 위한 방법으로 정부가 지출을 늘리게 되면 시장에 화폐의 유동성이 높아져서 경제가 정상 상태를 회복할 수 있다는 점을 제시하였다.

신자유주의 개발은 시장원리의 정당성 측면에서 정부의 시장 개입을 비판하고 노동활동의 유연화는 시장의 기능과 민간의 자유로운 활동을 보장하는데서 출발한다고 보았다. 신자유주의의 경제정책의 문제는 경제적 수정자본주의의 시장실패로 인해서 발생하는 문제점이며, 시장이야말로 개인과 사회가 경제활동을 통해서 선택할 수 있는 가장 최적의 방법이라는 점에서 시장원리의 정당성을 주장한 이론이다. 케인즈 학파의 시장실패 요인은 시장원리의 정당성과 함께, 노동활동의 유연성을 제약하였기 때문에 발생하는 문제점으로 보았고, 신자유주의 개발을 촉진하기 위해서 개인능력을 확대하고 시장을 통한 정당한 경쟁을 통해서 생산성을 높이고 사회문제를 해결할 수 있다는 점을 주장하였다는 점에서 경제적 자유방임주의를 강조한 이론이다.

포스트 개발

4차 산업혁명이 확산되기 이전까지 신자유주의 개발은 중상주의로부터 시작해서 산업혁명을 통한 자유주의의 확산, 케인즈 주의와 신자유주의의 논쟁과 같은 서구의 개발담론에 대한 내용이었는데, 4차 산업혁명시대가 도래하면서 서구의 개발담론에 대한 대안이 무엇이며, 이 시기에 미래의 지속가능성에 대한 방향을 어떻게 설정할 것인가에 대한 논의가 시작되었다. 역사적으로 보면 신자유주의는 케인즈 주의보다 훨씬 앞서고 있는데, 신자유주의는 18세기 이전의 중상주의(mercantilism)로 거슬러 올라가서 그 태동을 살펴볼 수 있으며, 이 신자유주의는 18세기 중반부터 19세기 초반까지의 산업혁명을 통한 자유주의(liberalism)의 확산에 그 뿌리를 두고 있다. 신자유주의는 1920년에 태동하였고, 1929년의 세계공황과 1930년부터 1970년까지 부흥기를 거쳐서 1970년대부터 본격적으로 신자유주의가 부각되기 시작하였다. 이 시기에 미국과 영국 등 선진국들은 케인즈 주의를 도입한 경제적 수정자본주의(revised capitalism)를 채택한 반면에, 신자유주의는 이 수정자본주의의 실패를 지적하고 경제적 자유방임주의(laissez-faire)를 주장하면서 논쟁이 확대되기 시작하였다.

  신자유주의 개발은 개인능력을 확대하고 시장을 통한 정당한 경쟁을 통해서 생산성을 높이고 사회문제를 해결할 수 있다는 점을 주장하였다는 점에서 시장원리의 정당성과 노동활동의 유연화를 강조한 이론인 반면에, 포스트 개발은 신자유주의의 방향이 개발을 통한 경제우위와 진보를 통한 성장 중심의 문제점을 지적한 이론이다(Gregory et al., 2009; Lawson, 2007). 신자유주의 개발은 케인즈 주의 개발에 비해서 시장에 대한 정부 개입의 문제를 지적하고 경제가 효율적으로 지속적 성장을 하기 위해서 시장원리의 정당성에 입각한 경제적 자유방임주의로 성장되어야 하며, 시장에 참여하는 노동자의 노동활동을 유연화시키면서 신자유주의 경제체제로 발전되어야 함을 강조하였다.

시장원리의 정당성과 노동활동의 유연화 관점에서 정부의 시장개입에 대한 당위성 유무나, 노동활동의 유연화 여부로서 신자유주의와 케인즈 주의 간의 논쟁이 대립되고 있으나, 이 신자유주의 개발과 케인즈 주의 개발이 모두 개발을 통한 경제우위와 진보를 통한 성장 중심을 강조한 반면에, 포스트 개발은 경제우위와 성장 중심을 반대하거나, 거부하는 입장에 있는 이론이다. 신자유주의 개발은 개인과 사회, 국가가 발전하고 성장하기 위해서 서구의 개발담론에 대한 당위성을 주장하고 있는데, 포스트 개발은 이 서구의 개발담론이 선진국과 같이 개인, 사회, 국가의 발전과 성장에 기여한 긍정적인 측면이 있는가 하면, 개도국과 저개발국에서는 신자유주의 개발로 인해서 오히려 개인과 사회, 국가의 경제 우위가 약화되고 빈곤과 사회적 배제 같은 사회복리의 불편익이 확대되었다는 점에서 서구의 개발담론에 대한 부정적인 측면이 있다는 점을 지적하고 있다(Lawson, 2007; Escobar, 1995).

포스트 개발은 신자유주의 개발이 지향한 서구의 개발담론에 대한 부정적인 입장을 취하고 있으며, 또한 신자유주의 개발의 방향이 장기적으로 개인, 사회, 국가의 지속가능성을 달성하는데 회의적인 입장을 보이고 있다. 신자유주의 개발은 전 세계가 추구할 과제와 발전방향이 국가 간의 후진성을 극복하기 위해서 인간능력을 확대하고, 개인과 조직의 역량을 강화하기 위해서 신자유주의 개발을 통한 경제성장을 추구하자는데 있다. 신자유주의 개발의 관점에서 개인과 사회, 국가가 개발을 통한 경제우위와 진보를 통한 성장 중심의 경제체제를 추구하게 되면 서구 개발담론의 당위성에 따라 경제체제를 단일화하고 사회시스템을 획일화하는 방향으로 나가야 하는데, 이 신자유주의 경제체제에서 지속가능성은 약화될 수 밖에 없다. 포스트 개발의 관점에서 지속가능성은 개인과 사회, 국가 간의 경제체제의 역사적 차이를 인정하고, 그동안 역사적, 사회적 상황과 문화적 차이에서 오는 사회시스템의 다양성을 수용하는 방향으로 발전되어 나가야 함을 강조하였다.

3. 나눔과 빌림의 공유문화

지식을 나누고 빌려주라, 지식을 사랑하라.

Share knowledge and lend, love knowledge.

최근에 와서 공유경제의 환경에서 나눔과 빌림의 공유문화에 대한 관심이 증가하게 된 배경은 세계경제의 장기적인 침체, 기후변화와 환경오염, 정보통신 환경에서 소비패턴의 변화가 주된 요인이 되고 있다. 2000년대 후반부터 시작된 글로벌 금융위기 이후에 세계경제는 장기적인 침체 국면으로 접어들었고, 소비자들이 제품과 서비스를 구매하고 사용함에 있어서 기후변화와 환경오염에 대한 인식이 높아졌으며, 정보통신 환경의 변화에서 소비자의 협력소비의 중요성이 강조되었다.

경제체제가 전통경제에서 공유경제로 바뀌게 되면서 기존의 제품과 서비스에 대한 개념이 소유 중심에서 공유 중심으로 옮겨지면서 등장하게 되었다. 전통경제에서 기업은 새로운 시장에 진입해서 사업기회를 획득하기 위해서 자원을 고갈시키며 경쟁을 통한 이윤을 창출하는데 경영목표를 두고 있었으나, 공유경제에서 기업의 경영활동은 자원을 절약하며 신뢰를 통한 가치를 창출하는데 집중하고 있다. 무엇보다 오늘날 제품과 서비스에 대한 소비패턴이 전통경제에서는 과잉소비로 나타나는 반면에, 공유경제에서는 협력소비를 통해서 새로운 가치를 창출하는 시대가 됨에 따라 나눔과 빌림의 공유문화가 자연스럽게 자리 잡게 되었다.

공유경제의 성장

전세계 공유경제를 통한 시장규모는 2013년 150억 달러에서 2025년 3,350억 달러로 20배 이상 증가할 전망이다. 2013년에 전체 시장규모는 2,550억 달러로, 이 중에서 전통경제는 2,400억 달러이고, 공유경제는 150억 달러의 비중이었던 것에 비해서, 2025년에 전체 시장규모는 6,700억 달러이고, 이 중에서 전통경제와 공유경제는 각각 3,350억 달러로 2013년에 비해서 2.6배 이상 증가하였다(PWC, 2019).

전통경제에 비해서 공유경제가 전세계 시장을 빠르게 변모시키고 있는 것은 공유경제가 전통적 공유경제에서 상업적 공유경제를 거쳐서 협력적 공유경제로 변천된 과정에서 찾아 볼 수 있다(KIST, 2019). 공유경제의 변천사를 출현시기와 시장범위, 핵심가치, 플랫폼과 비즈니스 유형으로 구분해서 설명해보면 다음과 같다. 전통적 공유경제(commons)는 인류역사와 공존하면서 출현하기 시작했고, 공동체나 지역중심의 시장범위에서 사람들과의 관계를 어떻게 할 것인가에 핵심가치를 두었으며, 전통적 공유경제는 물리적 공간의 플랫폼 환경에서

Commons economy의 비즈니스 유형이 중심이 된 공유경제의 형태이다. 상업적 공유경제(digital/on-demand)는 2008년 글로벌 경제위기 이후에 출현하기 시작했고, 전세계의 시장범위에서 플랫폼 기업의 이익과 사용자 경험을 어떻게 측정할 것인가에 핵심가치를 두었으며, 상업적 공유경제는 인터넷 중심의 플랫폼 환경에서 P2P의 비즈니스 유형이 중심이 된 공유경제의 형태이다. 또한 협력적 공유경제(collaborative commons)는 모든 사물이 인터넷과 연결되는 시점인 2050년 이후에 출현할 것으로 전망하고 있으며, 전세계의 시장범위에서 한계비용 제로화를 어떻게 활용할 것인가에 핵심가치를 두었으며, 협력적 공유경제는 사물형인터넷(IoT)의 네트워크 플랫폼 환경에서 P2P+T2P의 비즈니스 유형이 중심이 된 공유경제의 형태이다. 전통적 공유경제에서 협력적 공유경제로 발전하게 된 배경은 4차 산업혁명기술로 인해서 오늘날의 사회가 한계비용 제로 사회로 진입하게 되면서, 그동안 자본주의체제에서 경영활동의 블랙박스에 투입된 재화나 서비스의 생산비가 제로비용이 되었고, 이 한계비용 사회의 문제를 해결하기 위해서 공유경제 사회로 접근해야 한다(Jeremy Rifkin, 2014).

2013년부터 2025년까지 공유경제 분야별 성장 전망을 보면 DVD 렌탈이 -5.0%, 카 렌탈 2%, 도서대여 3%, B&B 및 Hostels 4%, 장비렌탈 5%로 전통적 렌탈 섹터는 평균 1.5% 증가한 반면에, 비디오 스트리밍 17%, 카세어링 23%, P2P 숙박 31%, 온라인 직원채용 37%, 크라우드 펀딩 63%로 공유경제 섹터는 평균 34.2% 증가한 것으로 나타났다(CAGR, 2019). 이는 2013년부터 2025년까지 전세계 시장규모가 2.6배 이상 성장하는 시장환경에서 공유경제 시장규모가 20배 이상 증가하고, 동 기간에 비디오 스트리밍, 카세어링, P2P 숙박, 온라인 직원채용, 크라우드 펀딩과 같은 공유경제 분야가 연평균 34.2% 급성장하면서 전세계 시장구조의 공규경제 시장으로 대체하는 환경으로 급변하고 있다.

전세계 공유경제 시장에서 중국시장이 급성장하고 있는데, 2016년 중국의 공유경제를 통한 시장규모는 3조 4,520억 위안으로 대략 672조원의 규모이며, 2016년의 공유경제 시장규모는 2015년에 비해 무려 103% 증가해서 600만개 일자리를 만들었으며, 중국의 공유경제 시장은 중국판 디디다처(공유자동차 서비스), 오포나 모바이크(공유자전거), 투지아닷컴(숙소공유

서비스) 등이 시장을 선도하고 있으며, 이 중에서 공유자전거의 시장규모는 2015년에 12억 3천만 위안에서 2016년에 102억 8천만 위안으로 8.36배 급성장하였다. 현재 중국의 공유경제 시장은 공유자동차, 공유자전거, 숙소공유 등과 같은 고가의 협력소비로 확대되고 있으며, 이 외에도 교통차량, 생활서비스, 사무실 임차, 지식공유에 이르기까지 공유경제의 사업영역에 확대되고 있다.

국가별 공유경제의 GDP 비중을 보면 영국이 0.19%로 가장 높고, 그 다음으로 스페일과 네델란드가 각각 0.15%, 프랑스가 0.09% 순으로 유럽국가들의 GDP에서 공유경제가 차지하는 비중이 높은 것으로 조사되었으며, 이 외에도 폴란드 0.05%, 이탈리아 0.05%, 체코 0.04%, 독일 0.03%, 루마니아와 오스트리아가 각각 0.02%의 비중을 차지하고 있다(Deloitte, 2019).

미국의 실리콘 밸리에서 불기 시작한 공유경제의 바람은 유럽의 공유경제 시장에 많은 영향을 미쳤으며, 특히 중국시장의 공유경제는 2020년에 GDP의 10.0%를 차지할 전망이며, 2025년에는 GDP의 20%로 2배 이상 성장할 전망이다(중국정부, 2019). 이에 비해서 우리나라의 공유경제의 GDP 비중은 2017

년 기준으로 0.005%로 유럽국가들에 비해서 아직까지 공유경제 초기 단계이며, 국내시장은 선진국 시장에 비해서 진입장벽이 높고 공유경제에 대한 전반적인 인식이 낮고 진입규제도 높은 편이다.

공유경제의 가치

전통적 공유경제에서 협력적 공유경제로 발전하게 된 배경은 4차 산업혁명기술로 인해서 오늘날의 사회가 한계비용 제로 사회로 진입하게 되면서 그동안 자본주의체제에서 경영활동의 블랙박스에 투입된 재화나 서비스의 생산비가 제로비용에 수렴하는 시대가 되었고, 이 한계비용으로 인한 사회 문제를 해결하기 위해서 공유경제 사회로 진입하기 위한 새로운 경제체제에 대한 대안이 모색되고 있다(Jeremy Rifkin, 2014). 공유경제의 가치는 전통경제의 가치와 다른 한계효용체감의 법칙, 리드의 법칙, 롱테일 법칙에 따른 한계비용 제로사회의 가치를 측정해서 적용해야 한다.

한계효용체감의 법칙(the law of diminishing marginal utility)을 적용하여 한계비용 제로 사회 확산에 따른 공유경제의 가치를 측정하여야 한다. 한계효용체감의 법칙은 소비자가 재화 1단위를 소비하는데 있어서 재화 1단위당 추가적으로 얻는 한계효용이 체감하는 현상을 말한다(Gossen, 1858). 공유경제 플랫폼은 공유경제 서비스의 공급자와 수요자에게 모두 수익을 창출할 수 있도록 하며, 공유경제 플랫폼에 참여하기 위한 진입장벽은 없다. 공유경제 플랫폼에 참여하는 공급자와 수요자는 소중한 소득을 획득할 수 있는 일자리를 창출해 내면서 만족감을 얻기 때문에 한계효용체감의 법칙이 적용되는 시장이다. 카풀 서비스 시장에 참여하고 있는 풀러스는 카풀 서비스와 관련된 공유경제 플랫폼에 참여하는 공급자와 수요자들이 모두 공유경제 플랫폼 서비스를 이용하면서 한계효용체감의 법칙에 따른 효용성을 높이고 있다.

리드 법칙(the law of Reed)을 적용하여 공유시장 환경에서 공유경제의 가치를 측정하여야 한다. 리드의 법칙은 커뮤니케이션을 촉진하는 그룹형성 네크워크가 지수가치로 인해 네트워크 효과가 기하급수적으로 증가하는 것을 말한다(Reed,

1999). 네트워크 효과는 선형가치, 자승가치, 지수가치로 측정되는데, 선형가치는 콘텐츠를 제공하는 사업자와 이용자 간의 지식과 정보의 흐름이 일방향인 선형가치(linear value)로 네트워크 효과가 나타나는데 비해서, 자승가치는 유무선 통신망과 인터넷 서비스를 통해서 이용자 간의 지식과 정보의 흐름이 양방향인 자승가치(square value)로 네트워크 효과가 발생한다. 또한 지수가치는 그룹형성네트워크(Group Forming Networks, GFN) 서비스를 통해서 이용자 간의 지식과 정보의 흐름이 다방향인 지수가치(exponential value)로 네트워크 효과가 발생한다. eBay 기업은 예술품과 수집품에 관심 있는 고객들을 대상으로 그룹형성네트워크(Group Forming Networks, GFN) 서비스를 제공함으로써 리드 법칙으로 공유경제의 가치를 창출하고 있다.

롱테일 법칙(the law of longtaile)을 적용하여 4차 산업혁명에 따른 공유경제의 가치를 측정하여야 한다. 롱테일 법칙은 정보통신기술의 발달로 전통적인 파레토 법칙에 반대되는 롱테일 현상이 나타나며, 이 롱테일 현상으로 비즈니스 모델을 만들어서 공유경제의 가치를 측정하는 것을 말한다(Anderson,

2004). 경제적 가치를 측정하는데 있어서 전통경제의 가치는 80:20의 파레토 법칙(pareto principle)인 20%의 핵심고객에 경영역량을 집중해서 80%의 매출을 달성하는데 비해서, 공유경제의 가치는 80:20의 파레토 법칙에서 80%의 소외된 고객에 경영역량을 집중해서 새로운 사업기회를 획득할 수 있다는 것이다. 아마존닷컴은 20%의 베스트셀러에 집중하는 파레토 법칙으로 80%의 매출액을 끌어 올리는 마케팅 전략을 수행하는 대신에, 98%의 비히트 상품에 집중하는 롱테일 법칙으로 전체 매출액의 25%를 달성하는 기록을 세웠다.

공유경제의 기업화

전세계적으로 공유경제가 가져올 시장환경에 대해서 많은 관심을 가지는 것은 4차 산업혁명시대 이전까지 경제성장에 따른 시장환경의 모티브는 경제개발을 통한 성장과 발전에 대한 서구의 개발담론에 대한 내용이 주류를 이루었으나, 과연 이 서구의 개발담론에 참여한 개인과 사회, 국가와 지역 공동체가 개발에 따른 성장과 발전을 골고루 나누어 가질 수 있겠는가 하는 문제와 함께, 이 서구의 개발담론이 미래에도 지속가능성을 제공해 줄 수 있겠는가 라는 물음에 대한 대안을 찾는데 한계가 있다. 이에 비해서 포스트 개발은 서구의 개발담론이 선진국의 경제개발을 통한 성장과 발전에 긍정적인 기여를 하는 측면도 있으나, 개도국과 저개발국에서는 이로 인해 오히려 이전보다 더 빈곤과 사회적 배제가 심화되었다는 점에서 부정적인 기여를 한 측면도 있다.

공유경제는 서구의 경제체제의 근간이 되었던 중상주의와 자유주의의 사조, 신자유주의와 케인즈 학파 간의 논쟁, 신사회주의 개발담론과 포스트 개발담론 간의 당위성에 대한 논의에서 공유경제가 상업화를 지향하고 있으나, 영리기업과 같은 기업화를 추구하고 있지 않다는 점에서 신사회주의 개발을 거부하고 포스트 개발을 지지한다는 점에서 포스트 개발담론에 대한 당위성과 지속가능성에 대한 대안을 찾을 수 있다는 기대감을 갖게 된다.

오늘날 공유경제는 포스트 개발담론의 정당성과 미래의 지속가능성이라는 측면에서 공유경제의 기업화로 인해서 공유경제의 본질이 흐려지면서 미래의 지속가능성에 대해 회의적인 모습을 보이고 있다. 공유경제를 대표하는 글로벌 기업들이 시장을 선도하고 공유경제가 국가와 지역의 GDP에서 차지하는 비중이 점차 높아지면서 그동안 포스트 개발담론의 대안으로 제시되었던 공유경제의 기업화에 대해서 우려와 함께 사회적 문제가 부각되고 있다. 최근에 와서 공유경제가 점차 기업화되어 가면서 공유경제 시장에서 시장 조성자가 누구이며, 이 시장 조성자로 인해 발생하는 시장 실패와 시장 대중영합주의(market populism)가 사회적 문제로 등장하고 있다.

시장 조성자(market player)의 규모와 역할이 커지면서 공유경제의 기업화가 우려된다(Robinson, 2014: Baker, 2015). 공유시장에서 시장 조성자는 공유거래의 공급자, 공유거래 플랫폼, 공유거래 수요자로 구성되어 있는데, 공유거래 플랫폼을 사업자로 볼 것인가, 아니면 비사업자로 볼 것인가에 따라 공유경제의 기업화에 대한 문제가 나타날 수 있다. 공유 플랫폼은 공유거래 공급자와 공유거래 플랫폼 간의 관계를 고용주와 고용인으로 간주할 것인가, 아니면 원청기업과 하청기업의 관계로 간주할 것인가에 따라 공유경제의 법제도적 문제가 발생하게 되며, 무엇보다 공유거래 플랫폼의 시장 조성자의 시장가치가 기하급수적으로 증가하는데 따른 공유경제의 기업화에 대한 문제가 심각하게 나타나고 있다.

시장 실패(market failure)는 공유시장에서 공유경제의 기업화 요인으로 작용한다(Marshall, 2015; Demailly and Novel, 2014). 공유시장에 참여하는 기업들이 공유경제 활동을 통한 서비스가 증가하고 기업가치가 증가하게 되면, 이 공유기업의 공유거래 서비스와 관련된 전통기업이 공유기업을 매입하는 과정에서 기존 시장질서를 교란하고 시장의 불공정한 거래활동으로 인해 시장실패의 요인으로 작용하게 된다. 이 때 공유경제의 기업화로 인해서 공유기업의 본질이 흐려지고, 공유기업이 추구하고자 하는 제품과 서비스의 공유와 협력소비의 원칙들이 심각하게 훼손되는 시장실패를 가져온다. 이 공유기업의 시장실패 요인들은 공유경제의 기본적 가치가 왜곡되고 P2P 거래와 P2P+P2T의 비즈니스 모델에 대한 사업성과를 감소시키는 요인으로 작용하게 된다.

시장 대중영합주의(market populism)는 공유경제의 본질을 퇴색시키고 공유경제의 기업화를 촉진한다(Koopman et al.,

2014; Schor, 2014). 개인과 단체가 공유경제에 참여하는 과정에서 시장 포플리즘이 확대되면서 공유의 본질이 퇴색되고 공유경제의 진정성을 잃게 되는 경우가 있다. 공유기업이 공유수요자에게 공유 서비스를 제공하는 과정에서 공유가치보다 이윤창출을 더 추구하게 되면 공유시장의 시장 대중영합주의로 인해서 공유경제의 기업화에 대한 문제점이 나타나게 된다. 공유기업의 비즈니스 모델은 공유거래 공급자가 공유거래 플랫폼을 블랙박스로 활용해서 공유거래 수요자에게 공유 서비스를 제공하면서 공유거래 플랫폼을 이용하는 과정에서 공유거래 투명성이 약화되고 공유경제 정보들이 블랙박스로 간주되는 경우가 있는데, 이 때 시장 포플리즘으로 인한 공유경제의 기업화에 대한 문제점이 증가하게 된다.

제2부

인더스터리 4.0 시대의 네트워크 마케팅

4. 네트워크 마케팅의 변천과정

당신 미래의 비밀은 당신의 반복적인

일과 속에 숨어 있다.

Your future secrets is hidden in your

repetitive routine.

산업이 고도화되고 로봇의 생활화와 고임금 저노동이 확산되면서 기업은 고용창출이 어렵게 되고, 청년실업은 급증하고 고령화 사회에 조기은퇴자가 늘어나면서 실로 사회에 심각한 문제로 대두되고 있다. 정부는 복지정책비용이 무한 소요되고 국민의 조세부담과 저출산 문제로 어려움을 겪고 있는 시기이다. 네트워크 마케팅은 일자리 창출기여, 국가 부담 복지비용 경감, 건전한 사회환경 조성, 부업으로 가능한 비즈니스로 삶의 활력을 주고 있다는 점에서 시사 하는 바가 크다.

4차 산업혁명시대에 대한 영향력이 앞으로 더욱 확산될 전망이며 더 많은 청년 실업과 고령사회문제점을 해결할 수 있는 네트워크 마케팅 비즈니스를 정부차원에서 적극 홍보하고 장려해야 하는 것이 시대적 소명이라 사료된다. 이제는 네트워크 마케팅을 과거의 피라미드방식, 네트워크마케팅이라는 부정적 이미지에서 탈피해서 정부는 사회적으로 이를 더욱 확산시킬 필요가 있고, 기업과 국민도 이에 적극 동참해서 모든 국민이 부업으로도 생필품을 자가 소비하고 사회적 문제를 동시에 해결하는 방식으로 우리의 미래를 준비할 수 있다. 오늘날 4차 산업혁명으로 급변하는 환경에서 네트워크 마케팅이 시대적 대안으로 인식될 필요가 있다.

네트워크 마케팅의 근황

네트워크 마케팅의 연구동향은 전 세계적으로 네트워크 마케팅이 마케팅 연구분야에서 전통적 마케팅의 대안으로 부각되고 있는 마케팅 4.0 시대를 재조명하고, 최근에 21세기 4차 산업혁명시대의 대안으로 대두되고 있는 네트워크 마케팅의 학술적, 실무적 이론 기반을 제시한 미국의 Harvard Univ., Yale Univ., Columbia Univ., Utha State Univ., Gorgia Institute of Technology 등 미국의 명문대학의 네트워크 마케팅관련 박사학위논문을 중심으로 살펴보고자 한다.

Harris(1992)는 전 세계에서 활동하고 있는 암웨이의 네트워크 마케팅의 사례를 통해서 전 세계시장과 마케팅 환경이 변화하고 있는 상황에서 암웨이가 어떻게 동태적인 환경에 적응하면서 소비자의 니즈를 높였는가를 탐색하였다. 오늘날 전 세계는 과거에 경험하지 못했던 백만명 이상의 유통업자와 연간 매출 수십억 달러에 이르는 경이적인 마케팅 기록을 세우고 있는 암웨이 세계에 대해서 놀라고 있다. 암웨이의 마케팅 방식은 지금까지의 사업방식과는 다른 네트워크 마케팅 조직을 통해서 이런 경이적인 성장을 가능하게 하였다. 본 교재는 지금까지 우리가 알고 논의했던 조직의 경제적인 측면보다 추가적인 경제적 측면이 있다는 것이며, 암웨이의 세계관은 분명 테마적 세계관을 통한 문화적 이동을 가능하게 하였다. 오늘날 세계관은 미국문화에서 근본주의자의 충격과 같은 양상으로 독립성, 성공, 기회, 자기충족, 가족, 커뮤니티, 국수주의가 부각될 뿐 만 아니라, 행상의 실무와 지식들이 확산되고 있다. 본 교재는 새로운 세계관, 기본적 예외성, 행상의 경로에 대해서 다음과 같이 강조하고 있다. 첫째는 새로운 세계관을 가져야 한다. 우리가 그동안 보아 왔던 세계관을 현대성에 대한 비유, 세계관으로서의 이데올로기, 문화의 끈, 연옥으로부터 탈출 등의 관점에서 세계관을 바꾸어야 한다. 둘째는 기본적 예외성에 주목해야 한다. 오늘날 마케팅에서 기본적으로 제외되었던 것은 미국의 예외주의, 기본주의자의 반응, 비전의 확산 등에 대해서 재검토할 필요가 있다. 셋째는 행상의 경로를 살펴야 한다. 행상의 경로를 보면 무미 건조한 페달, 하녀의 길을 따라, 하녀의 이야기 속으로, 문을 두드림, 문화 생성(열정, 제품, 파티) 등의 마케팅 변화를 예의 주시해야 한다.

Yoganarasimhan(2009)는 사회적 상호작용과 사회연결망의 역할에 대한 연구이다. 본 교재는 네트워크 마케팅은 사회적 네트워크 관점에서 조직 간 네트워크와 조직 내 네트워크를 사회연결망분석에 대한 이론을 접목하여 논의해 보고, 네트워크 마케팅의 사업성과에 이 사회연결망분석 이론에서 도출된 연결중앙성, 인접중앙성, 사이중앙성에 대한 측정치를 접목시켜 보고자 하는 것이 연구의 목적이다. 연결중앙성(degree centrality)은 국지 중심성에 대한 의미이며, 네트워크 상에서 연결될 양을 나타낸다. 연결중앙성은 방향성 구분으로 정보교류의 양을 절대적으로 표현하며 다른 행위자와 연결되어 있는 정도를 말한다. 인접중앙성(closeness centrality)은 글로벌 중심성에 대한 의미이며, 정보, 권력, 영향력, 사회적 지위 확보 및 접근 용이 정도를 나타낸다. 인접중앙성은 방향성 구분으로 쉽게 관계를 맺을 수 있는 것이 중앙의 역할을 하며 다른 행위자와 거리 정도를 말한다. 네트워크 전체적인 틀에서 중앙성을 측정하며 한 점에 직접 혹은 간접 연결까지 측정된다. 사이중앙성(betweenness centrality)은 중재 혹은 매개적인 역할을 하며 다른 행위자의 의존도가 높아진다. 사이중앙성은 중개역할을 중앙으로 간주하며 정보교류에 대한 현저한 통제 능력을 표현한다. 한 행위자를 통해 관계를 맺게 되는 경우 높은 사이중앙성을 갖게 되며 다른 행위자에 의해 연결되어 있는 정보를 말하며, 의사소통 구조에서 정보의 흐름을 통제하는 역할을 한다. 본 교재는 사회연결망분석 이론에서 도출된 연결중앙성, 인접중앙성, 사이중앙성에 기초해서 네트워크 마케팅의 사회적 상호작용과 사회연결망의 역할에 대해서 분석하였다.

Stephen(2009)는 입소문 마케팅과 네트워크 마케팅 간의 관련성을 마케팅 네트워크 2.0에 대한 이론을 제지한 연구이다. 입소문 마케팅은 구전효과, 바이럴 마케팅 등의 용어로 사용되고 있다. 구전마케팅협회(WOMMA)에 따르면 구전효과는 제품과 서비스에 관해서 사람들에게 대화를 통해서 쉽게 전달하는 방식으로 정의하고 있다. 네트워크 마케팅의 인구통계학적 특성에 대한 연구를 보면 네트워크 마케팅은 직접 판매방식의 이점을 최대한 활용하는 것이기 때문에 '구전효과'가 중요한 역할을 한다. 주로 소비재 제품과 같이 고관여도가 높은 제품들은 '구전효과' 혹은 '마케팅 관련 사회적 상호작용' 등과 같은 요인들에 많이 의존한다. 네트워크 마케팅의 구전효과, 마케팅 관런 사회적 상호작용은 네트워크 마케팅 참여자의 성별, 연령, 소득, 교육수준, 라이프스타일 등과 같은 인구통계학적 특성에 따라 차이를 보인다. 또한 네트워크 마케팅 참여자의 인구통계학적 특성들은 단일 마케팅, 네트워크 마케팅에 따라 차이를 보이고 있으며, 네트워크 마케팅은 단일 마케팅에 비해서 인구통계학적 특성이 복합적으로 작용하는 특성을 보인다. 실제로 입소문 마케팅 혹은 바이럴 마케팅 전략은 기업과 소비자 간의 긍정적 정보를 소통시키는 역할을 하며, 소규모의 기업들에게 있어서 입소문 마케팅은 마케팅 비용을 최소화하고 수익을 극대화하는 효과적인 마케팅 기법이다. 본 교재에서는 네트워크 마케팅의 인구통계학적 특성과 구전효과, 마케팅 관련 사회적 상호작용 효과 간의 관련성을 분석해서 네트워크 마케팅에 참여한 소비자의 성별, 연령에 따른 월간 소득수준, 네트워크 마케팅 만족도 간의 차이를 분석한 연구이다.

Yang(1997)는 네트워크 외연성과 네트워크 효과에 대한 연구이다. 네트워크 마케팅의 내적 통합과 외적 통합시스템의 의미는 네트워크 마케팅에 참여자를 수직적 통합과 수평적 통합을 통해서 마케팅 활동의 경계선을 낮추면서 네트워크 마케팅의 성과와 만족도를 높이는 방식이다. 네트워크 마케팅의 수직적 통합은 네트워크 마케팅 기업, 대리인, 유통업자, 도매자, 소매자 등의 내부 시스템을 통합해서 수익을 극대화하는 것이며, 네트워크 마케팅의 수평적 통합은 네트워크 마케팅 회사와 제조업자, 외부 회사, 소비자 등의 외부 시스템을 통합해서 광고비와 같은 촉진비용을 절감하고 수익을 극대화하는 방식이다. 오늘날 마케팅에서 네트워크 효과는 다음과 같은 특성을 가진다. 첫째, 네트워크 효과는 독점적 시장에서 가격결정 전략에 영향을 미친다. 둘째, 네트워크 효과는 네트워크 마케팅에서 시장 주도자가 가격을 선도하는 과정에서 게임이론과 같이 시장 주도자의 입장에서 가격을 선도하는 양태를 보인다. 셋째, 네트워크 효과는 정부가 시장에 개입하는 상황에서 사회적 복리보다 정치적 복리가 더 중요하게 인식되게 될 때, 정부는 시장 개인을 통해서 네트워크 효과를 높이는 역할을 한다. 넷째, 네트워크 효과는 Katz & Carl Shapiro의 국제시장 이론과 같이 한 국가가 수입-경쟁 기업에게는 민간차원의 인센티브를 제공하는 효과가 있으며, 기술-수입 국간에게는 사회적 차원의 인센티브를 제공하는 효과가 있다.

Uslay(1995)는 마케팅 방어로서 가격결정 전략의 역할에 대한 연구이다. 가격결정 전략은 제한적 가격결정과 적극적 가격결정 전략의 형태로 나타나는데, 본 교재에서는 마케팅 방어로서 가격적 전략을 네트워크 마케팅의 사회적 경로, 대안적 경로 차이, 대안적 경로 혜택의 관점에서 제시한 연구이다. 첫째, 네트워크 마케팅의 사회적 경로를 보면, 네트워크 마케팅은 본격적인 소매판매와 유통 네트워크의 개발과 밀접한 관련이 있으며 네트워크 마케팅은 사회적 네트워크를 통해서 성장한다. 네트워크 마케팅은 과거의 직접 판매기법과 오늘날 정보 및 커뮤니케이션을 개발하는 역량을 구축하는 전통적 직접 판매방식과는 다르며, 네트워크 마케팅은 기본적으로 개인의 사회적 네트워크를 네트워크 마케팅 사업에 활용하는 것이기 때문에 네트워크 마케팅의 사회적 경로에 해당된다. 둘째, 네트워크 마케팅의 대안적 경로 차이를 보면, 사회적 네트워크 마케팅은 다른 마케팅에 비해서 마케팅 경로의 이점을 모두 활용할 수 있는 판매경로이다. 전통적 간접 경로, 전통적 직접 경로, 온라인, 전통적 직접판매 등은 판매에 따른 성과 등에 효과적인 판매 경로인데 반해서, 사회적 네트워크 마케팅은 이 마케팅 경로의 이점을 모두 통합하는 경로이다. 특히 잠재고객의 정보 획득, 고객 대상, 고객과의 소통, 반대의견에 대한 설득 및 조정, 제품 납품 및 수금, 판매에 따른 성과 등에 효과적인 판매 경로이다. 셋째, 네트워크 마케팅의 대안적 경로 혜택을 보면, 네트워크 마케팅은 다른 마케팅에 비해서 고객활동과 혜택에 기여할 수 있는 판매경로이다. 상점 및 수퍼마켓, 메일 주문, 인터넷 등의 고객활동은 고객의 니즈를 규명하고 정보를 탐색하며, 대안적 경로를 찾고 대안적 구매를 하는데 반해서, 네트워크 마케팅의 고객활동은 고객의 니즈를 규명하고 정보를 탐색하며, 대안적 경로를 찾고 대안적 구매를 통한 혜택을 제공할 뿐 만 아니라 구매 후 고객 니즈와 사회적 상호작용 등의 요인도 함께 고려해서 혜택을 제공하는 이점이 있다.

네트워크 마케팅과 피라미드 방식의 비교

Keep and Vander Nat(2014)는 네트워크 마케팅의 변천과정을 미국의 네트워크 마케팅과 피라미드 방식에 대해서 제시하였고, 이들은 20세기 동안 대면 소매 판매는 문전 판매와 네트워크 마케팅으로 대별하였다. 문전 판매는 일반적으로 가계소득이 증대하면서 발전한 소매 판매 방식인 반면에, 네트워크 마케팅은 커미션에 기초한 전통적 다이렉트 판매 방식에 해당된다. 2차 세계대적 이전에 전통적인 다리렉트 판매는 법률적 구제로 인해서 소매상에 집중되다가, 2차 세계대전 이후에 여성 판매원과 파티 계획 등이 증가하면서 1980년대는 여성 노동력의 증가, 소매판매의 개선, 다이렉트 판매의 증가가 대표적인 현상으로 나타났다. 1940년대 초에 네트워크 마케팅은 비즈니스 모델의 대안, 고정비용 절감, 사업기회 확장 등으로 독립적 계약자로서 네트워크를 확보하고 새로운 유통자를 채용함으로서 기존의 네트워크 마케팅에서 가일층 발전된 수익원이 창출되었다. 네트워크 마케팅에서 유통업자의 소득은 기본적으로 하부 라인의 리쿠르트를 통해서 창출되며, 네트워크 마케팅의 모델은 불법적 피라미드 방식을 통한 사업기회를 창출하는 방식을 택하고 있다. 1970년대에 네트워크 마케팅은 제품에 기반을 둔 네트워크 마케팅이나 피라미드 방식으로 발전되었다.

 미국의 다이렉트 판매 모형, 네트워크 마케팅과 피라미드 방식 간 관련성에 대한 연구로 요약할 수 있다. 미국의 다이렉트 판매 모형에 대한 연구를 보면, 20세기 초에 다이렉트 판매는 순회행상과 같은 전통적 판매와 새로운 판매영역을 연결하는 중간역할을 하였으며, 순회행상은 폭넓은 지역을 여행하면서 고객들에게 우선적으로 비브랜드제품을 판매하는 방식인 것에 비해서, 다이렉트 판매는 도시화된 지역이 증가하면서 지역적 혹은 국가적으로 브랜드제품을 가가호호에 판매하는 방식을 사용하였다(Friedman, 2004). 다이렉트 판매 기업들은 비교적 짧은 기간에 주부들에게 브러쉬, 식료품, 레디오, 재봉기, 축음기, 악기, 진공기, 화장품, 의류, 도자기, 요리기구, 서적, 텔레비전 등을 판매하였고 심지어 자동차까지도 판매하였다. 다이렉트 판매는 단기간에 재고량을 줄이고, 유통경로에서 소매상의 발판을 마련하였다(Biggart, 1989).

 유통산업 데이터를 보면 1920년대 중반에 다이렉트 판매는 연간 300-500달러 정도로 예측되었고(Curtis, 1925, Botsford, 1926), 1906년에 설립된 플러브러쉬사는 1923년에 판매액 1천5백만 달러까지 육박했다가, 1929년에 유통산업에 경쟁이 치열해 지면서 판매액 1천3십만 달러까지 감소하였다(Friedman, 2004), 동기간 중에 1886년에 설립된 캘리포니아 향수기업의 수입액이 2백5십만 달러까지 육박하였다(Friedman, 2004). 네트워크 마케팅과 피라미드 방식 간 관련성에 대한 연구를 보면, 1940년대 초에 네트워크 마케팅은 비즈니스 모델의 대안, 고정비용 절감, 사업기회 확장 등으로 독립적 계약자로서 네트워크를 확보하고 새로운 유통자를 채용함으로서 기존의 다단계 마케팅에서 가일층 발전된 수익원이 창출되었다(Fortune Hi-Tech Marketing, 2013; BurnLonge, 2008; Equinox, 1999; Trek Alliance, 2002). 네트워크 마케팅에서 유통업자의 소득은 기본적으로 하부 라인의 리쿠르트를 통해서 창출되며, 네트워크 마케팅의 모델은 불법적 피라미드 방식을 통한 사업기회를 창출하는 방식을 택하고 있다. 1970년대에 네트워크 마케팅은 제품에 기반을 둔 네트워크 마케팅이나 피라미드 방식으로 발전되었다(Trudeau, 2013; Babener, 2013; Fortune Hi-Tech Marketing,

2013).

　피라미드 방식은 만족보증 제도가 없는 반면에, 합법적인 네트워크 마케팅은 제품의 품질에 기초하고 있으며, 품질에 자신하고 있기 때문에 100% 환불제도 및 만족보증 제도를 가지고 있다. 제품을 사용하다가 마음에 들지 않으면 보상을 해줄 정도로 강력한 소비자 만족보증 제도를 택하고 있다. 또한 네트워크 마케팅은 재고부담이 자유롭기 때문에 재고부담이 없는 반면에, 피라미드 방식은 자기가 소화해야할 재고부담을 안고 있기 때문에 강매가 일어나기 쉽다.

　네트워크 마케팅은 단지 회원을 많이 가입시킨다고 수입이 발생하는 것은 아니며, 수천 명을 가입시켜도 제품이 유통되지 않으면 보상은 하나도 없다는 점과, 다만 제품유통에 기여한 회원 개개인들의 자기노력 분을 측정하여 정확하게 보상을 해 준다는 점에서 피라미드 방식과 차이가 있다. 피라미드 방식은 회원가입 수에 따라 수입이 발생하기 때문에 종국에는 상위에 있는 소수만 돈을 챙겨 달아나는 경우가 많아 나중에 가입한 사람들이 피해를 보는 경우가 속출하고 있다. 이에 비해 네트워크 마케팅은 제일 나중에 가입한 사람도 전혀 피해를 보는 일이 없다.

　네트워크 마케팅은 단기간에 수입이 발생하는 것이 아니므로 부업의 형태로 시작할 수 있지만, 피라미드 방식은 단기간에 큰돈을 벌수 있다고 유혹하여 다니던 직장을 그만두게 하는 경우가 많다. 한마디로 네트워크 마케팅과 피라미드 방식의 차이점을 비교해 보면 네트워크 마케팅은 낮은 입회비를 내야 하지만, 피라미드 방식은 높은 입회비를 지급해야 하며, 네트워크 마케팅이 반복 구매성 생필품이 주된 제품인 반면에, 피라미드 방식은 일회성 고가 내구재에 대한 구매를 독려하는 사례가 많다. 네트워크 마케팅이 100% 환불과 반품이 되며 재고부담이 없는 반면에, 네트워크 방식은 이에 대한 환불과 반품에 대한 보장이 없고 재고부담을 느끼고 있다는 점에서 차이를 보인다. 사업자를 보는 시각과 수입배분에 대해서 네트워크 마케팅은 중장기적인 사업으로 선착순이 아닌 노력 순으로 배분되는 반면에, 피라미드 방식은 단기적인 일확천금을 노리는 사업으로 먼저 시작한 사람이 유리한 위치를 차이 한다는 점에서 차이가 있다.

네트워크 마케팅의 학술적 개념

Skathivel and Devi(2015)는 인도의 코임바토르 시 지역을 대상으로 텐스 제품(tiens)의 유통에 따른 유통업자 만족도를 분석한 연구이다. 네트워크 마케팅에서 유통업자의 만족도는 지금까지 이 분야의 연구에서 주된 연구가 되고 있으며, 네트워크 마케팅을 효과적으로 관리해 나가기 위해서 무엇보다 유통업자를 잘 관리해 나가는 것이 주된 이슈이다. 네트워크 마케팅의 정의에 대해서 Thomas(1997)는 다이렉트 마케팅은 고객에게 인적설명을 통해서 직접 판매 제품과 서비스를 제공하는 방식이라고 정의하고 있다. 본 교재는 네트워크 마케팅을 통해서 거래되고 있는 텐스 제품(tiens)의 유통에 따른 유통업자 만족도를 분석하고자 하는 것이 연구목적이다.

Kotler and Armstrong(2009)는 네트워크 마케팅은 네트워크 마케팅이라고도 하며 제품 판매를 위해서 네트워크 마케팅 기업들은 'door to door', 'office to office' 방식으로 마케팅을 수행한다. 다이렉트 마케팅 협회(DMA)는 다이렉트 마케팅은 어떤 지역이든지 1개 이상의 광고 매체를 활용해서 효과적으로 마케팅을 수행하는 상호작용 마케팅 체계 중의 하나라고 정의한다. Thomas(1997)는 다이렉트 마케팅은 고객에게 인적설명을 통해서 직접 판매 제품과 서비스를 제공하는 방식이라고 정의하고 있다. Sakthivel과 Devi(2015)는 네트워크 마케팅 기업의 성과를 높이기 위해서 브랜드 전환, 브랜드 충성도, 만족도 수준 등과 같은 요인들을 잘 관리해서 유통업자 만족도를 높여야 하며, 또한 인도의 코임바토르 시 지역에서 텐스 제품(tiens)의 유통하기 위해서 직접 판매하는 제품의 가격, 품질, 브랜드 이미지, 포장, 딜러 서비스, 광고 등의 요인들을 네트워크 마케팅에 반영하여야 한다는 점을 강조하였다.

네트워크 마케팅의 일자리 창출 효과

네트워크 마케팅은 직접 판매 방식에 해당되며 네트워크 마케팅, 구조 마케팅, 네트워크 직접 판매 등의 용어로 사용되고 있다. 네트워크 마케팅은 직접 판매 방식이면서 직접 판매 경로에 참여하는 유통업자들에게 막대한 보상 프로그램을 가지고 있다는 점에서 각광을 받고 있다(Koehn, 2001; Tayler; 1978: Choudhary, 2013). 네트워크 마케팅 조직은 포괄적인 인적판매에 의존하고 있는 조직이며, 제품 구매자, 제품 판매자, 네트워크 마케팅 상에서 새로운 대리인(유통업자, 소비자, 스폰서, 모집자) 등에게 보상 프로그램을 제공하는 조직이다. 네트워크 마케팅은 직접 판매 경로에 참여하는 유통업자, 소비자, 스폰서, 모집자 들에게 통상 20~50%의 마진을 제품 구매 이익, 제품 판매 이익, 수수료, 보상 등의 형태로 제공한다.

인도에서 네트워크 마케팅은 사업기회를 획득하고 새로운 일자리를 창출할 수 있는 긍정적인 효과가 있다(Choudhary, 2013; Tayler, 1997; Cheung, 1993). 인도시장을 대상으로 그동안 많은 학자들은 비즈니스 모델을 인도의 네트워크 마케팅 산업에 적용하는 문제에 대해서 고민하였다. 인도는 신흥시장이며 소비재 시장의 급속한 증가와 높은 경제성장율을 달성하고 있는 나라이다. 인도시장을 대상으로 네트워크 마케팅의 비즈니스 모델에 대해서 다른 산업에 비즈니스 모델을 적용하는 것 같이 비즈니스 모델을 네트워크 마케팅 산업에 적용할 수 있겠는가, 네트워크 마케팅 산업에 비즈니스 모델을 적용하는 그 자체가 문제가 있는 것 아닌가 하는 회의적인 목소리가 높다. 그럼에도 불구하고 네트워크 마케팅 산업의 성장 속도는 급속히 증가하고 있고 매년 마다 네트워킹 마케팅을 통해서 백만장자가 속출하고 있는 것은 가시적인 일이다.

5. 네트워크 마케팅의 인적자본

능력은 당신을 정상으로 데려다 줄 수는 있다,
그러나 정상에 계속 있도록 하는 것은 인격이다.

*Ability can take you to the top,
but it is your personality to keep on top.*

무형적 자산은 물적 실체가 없는 고정자산으로서 이 자산을 소유함으로써 기업회계기준에 의한 무형자산의 항목은 영업권, 공업소유권(특허권, 실용신안권, 의장권, 상품권), 광업권, 어업권, 차지권 기타의 무형자산이 있다. 그러나 최근에 광의로서 무형자산의 범주에 SNS, 페이스북, 다음, 카카오톡 등으로 고객을 상대로 하는 비즈니스로 거론되고 있다. 네트워크 마케팅을 지칭하는 개인사업자(Independent Business Owner, IBO)는 소비가 생활이 되고, 생활이 소비가 되는 신개념의 마케팅 기법을 새로운 시각으로 받아들여지고 있다. 경영자산이라고 하는 것은 사회적 경험을 토대로 얻은 자산으로 소비자와 사업자(IBO)가 각자 만남을 통해 그룹이 형성되고 생활필수품을 회원이 되어 구매함과 동시에 각자 사용하고 전달한 매출에 대한 구전광고 및 제품유통을 대행함으로써 얻은 수익을 서로 배분하는 구조로 되어 있으며 광고비와 물류비용은 발생하지 않는 이점을 가지고 있다.

무형자산적 특성

개인사업자로서 무형자산은 인적자본, 조직자본, 관계자본, 상징자본으로 구분되어 있는데, 개인의 능력이나 역량이 인적자본이 될 수 있으며 조직을 구축하고 움직이는 데는 시스템과 조직분위기가 조직역량을 키워나가는 데 중요한 역할을 하게 된다. 또한 개인사업자로서 상호 간의 소통을 통해 관계를 어떻게 잘 형성해 나갈 것인가 하는 것이 중요하다. 제 4차 산업혁명시대는 환경과 기술이 중요한 역할을 하게 되는데, 국가와 초일류기업은 시대에 부응하고 수익을 창출하여 국가에 조세부담을 상당히 부담하여 국가의 일부기업은 엄청난 부를 축적할 수 있었으나, 상당수의 고학력자와 일반근로자들은 직업을 잃게 되는 것은 자명한 일이다. 개인사업자들의 역할은 고객에게 감성적을 접근하고 맞춤형 시스템에 적합한 틈새구조로 신뢰를 바탕으로 새로운 혁명시대에 성공을 꿈꾸는 사람들에게 사업의 기회를 제공하는 독특한 마케팅 기법이 네트워크 마케팅이다.

Perrini and Vurro(2010)은 기업 지속가능성을 위해서 무형자산의 누적을 통한 경쟁우위 확보에 대한 방향성을 제시하였다. 본 교재는 기업 지속가능성, 무형자산의 누적, 원가우위와 시장차별화에 기인한 경쟁우위의 관점에서 특정 투자간의 인과관계를 종합적으로 제시하였다는 점에서 연구의 의의가 있다. 본 교재는 기업과 이해관계자 간의 양적 혹은 질적 차이가 있음에도 불구하고, 이해관계자의 요구에 대해서 기업 지속가능성을 수행하기 위한 전략, 실무, 과정 등을 제시하였다는 점에서 의미 있는 연구이다. 또한 조직 내에서 인적자본, 혁신 및 지식, 문화 및 명성과 관련된 무형자산을 개발하기 위해서 필요불가결한 것이 무엇인가를 제시하였다.

기업 지속가능성, 무형자산, 경쟁성과에 대한 연구로 요약할 수 있다. 먼저, 기업 지속가능성은 인적자원, 소비자, 공급자 및 유통자, 공동체 및 기관, 주주 및 재정 공동체, 자연환경 등의 내용에 기초해서 기업의 지속가능성을 개발하고 발전시킨다(Margolis and Walsh, 2003; Barnett, 2007; Jensen, 2001; Aguilera et al., 2007; Hart and Milstein, 2003; Grant et al., 2008). 인적자원과 관련된 기업 지속가능성은 근로자 지원 프로그램, 건강 및 안전 발의, 친사회적 및 환경활동, 훈련프로그램 등의 내용이 포함되었고, 소비자는 투명성 발의, 대화 및 참여의 개방성, 질 및 가치, 평가절차, 지속가능하고 혁신적인 제품 및 서비스 등의 내용에 기초해서 기업 지속가능성을 개발한다. 공급자 및 유통자와 관련된 기업 지속가능성은 관여도와 대화, 선정, 관리 및 평가 절차 과정에서 기업 지속가능성의 통합, 협력 및 투명성 발의 등의 내용이 포함되었고, 공동체 및 기관은 투명성 발의, 대화와 협력, 공동체 투자, 프로젝트 개발 등의 내용에 기초해서 기업 지속가능성을 개발한다. 주주 및 재정 공동체와 관련된 기업 지속가능성은 자발적 기업 지속가능성, 투명성 발의, 기업 지배구조 등의 내용이 포함되었고, 자연환경은 환경전략, 환경관리체계(EMS) 등의 내용에 기초해서 기업 지속가능성을 개발한다.

무형자산은 인적자본, 조직자본, 관계자본, 상징적 자본 등의 내용에 기초해서 무형자산을 축적하고 기업의 경쟁성과를 높인다(Brondoni, 2009; Carmeli and Tishler, 2004; Surroca et a., 2010; Lambin, 2009; Perrini et al., 2006). 인적자본의 축적은 전문성 개발, 새로운 스킬과 지식, 생활조건, 몰입 및 참여, 협력 등의 내용이 포함되고, 조직자본은 제도화된 지식, 성문화된 경험, 사업철학, 의사결정 및 작업형태 등의 내용에 기초해서 조직자본을 축적한다. 또한 관계자본의 축적은 기업과 이해관계자 간의 구조, 신뢰 및 호혜 등의 내용이 포함되고, 상징적 자본은 신뢰성, 신의, 이미지 및 명성 등의 내용에 기초해서 상징적 자본을 축적한다.

경쟁성과는 시장차별화와 원가우위 등의 내용에 기초해서 참여시장에서 경쟁우위를 유지한다(Bhattacharya and Sen, 2004; Jones and Murrel, 2001; Greening and Turban, 2000; Castaldo et al., 2009; Frank, 2004). 시장차별화는 새로운 시장에 접근, 경쟁적 포지셔닝, 브랜드 자기자본 등의 내용이 포함되었고, 원가우위는 노무비용, 운영효율성, 자본비용, 위험관리 등의 내용에 기초해서 경쟁성과를 측정한다.

구전마케팅 특성

Kuselar, Senthil, and Prabhu(2011)는 입소문 마케팅과 네트워크 마케팅 간의 관련성을 분석한 연구이다. 입소문 마케팅은 구전효과, 바이럴 마케팅 등의 용어로 사용되고 있다. 구전마케팅협회(WOMMA)에 따르면 구전효과는 제품과 서비스에 관해서 사람들에게 대화를 통해서 쉽게 전달하는 방식으로 정의하고 있다. 실제로 입소문 마케팅 혹은 바이럴 마케팅 전략은 기업과 소비자 간의 긍정적 정보를 소통시키는 역할을 하며, 소규모의 기업들에게 있어서 입소문 마케팅은 마케팅 비용을 최소화하고 수익을 극대화하는 효과적인 마케팅 기법이다. 본 교재에서는 네트워크 마케팅의 인구통계학적 특성과 구전효과, 마케팅 관련 사회적 상호작용 효과 간의 관련성을 분석해서 네트워크 마케팅에 참여한 소비자의 성별, 연령에 따른 월간 소득수준, 네트워크 마케팅 만족도 간의 차이를 분석하고자 한다.

네트워크 마케팅의 통합에 대한 연구를 보면 네트워크 마케팅이 다른 마케팅 활동과 다른 차이점은 직접 판매방식의 이점을 최대한 살리는 효율적인 마케팅 기법이며, 마케팅의 내·외부를 하나로 통합하는 마케팅의 내적 통합과 외적 통합시스템을 활용하는 방식이다(Yankov, 2007; Alexander and Nicholls, 2006; Podoshen, 2006).

네트워크 마케팅의 인구통계학적 특성에 대한 연구를 보면 네트워크 마케팅은 직접 판매방식의 이점을 최대한 활용하는 것이기 때문에 '구전효과'가 중요한 역할을 한다. 주로 소비재 제품과 같이 고관여도가 높은 제품들은 '구전효과' 혹은 '마케팅 관련 사회적 상호작용' 등과 같은 요인들에 많이 의존한다 (Kuselar, Senthil, and Prabhu, 2011; Wotruba, Brodie, and Stanworth, 2005; Forehand and Grier, 2001). 네트워크 마케팅의 구전효과, 마케팅 관련 사회적 상호작용은 네트워크 마케팅 참여자의 성별, 연령, 소득, 교육수준, 라이프스타일 등과 같은 인구통계학적 특성에 따라 차이를 보인다. 또한 네트워크 마케팅 참여자의 인구통계학적 특성들은 단일 마케팅, 네트워크 마케팅에 따라 차이를 보이고 있으며, 네트워크 마케팅은 단일 마케팅에 비해서 인구통계학적 특성이 복합적으로 작용하는 특성을 보인다.

고객만족 공유특성

Duan Xiao-Hong(2011)는 네트워크 마케팅의 관계 만족도, 마진 만족도, 제품 만족도가 판매원의 충성도, 제품 충성도, 사업 구축자에 미치는 영향을 분석하였다. 본 교재는 Oriflame 네트워크 마케팅 기업을 대상으로 1년 이상 종사한 네트워크 마케팅의 조직구성원 전체 112명을 대상으로 설문조사를 수행하여 구조방정식모형(Structured Equation Modeling: SEM)을 적용하여 실증분석을 수행한 결과 다음과 같은 연구결과를 얻었다. 네트워크 마케팅의 제품 만족도는 제품 충성도에 유의한 정(+)의 영향을 미쳤으나, 마진 만족도는 제품 충성도에 유의한 영향을 미치지 않았다. 네트워크 마케팅의 제품 충성도는 판매원의 충성도에 유의한 정(+)의 영향을 미쳤다. 네트워크 마케팅의 마진 만족도와 관계 만족도는 판매원 충성도에 유의한 영향을 미치지 않았다. 또한 네트워크 마케팅의 제품 충성도는 사업 구축자에 유의한 정(+)의 영향을 미친 반면에, 판매원 충성도는 사업 구축자에 유의한 영향을 미치지 않았다.

네트워크 마케팅의 관계 만족도와 판매원 충성도 간의 밀접한 관련이 있다(Doney and Cannon, 1997; Ven, 1994). 고객들은 판매원과의 관계를 유지하는데 있어서 신뢰, 경쟁, 정직, 도덕성 등을 제시하고 있으며, 이 요인들은 고객이 인식하고 있는 판매원의 충성도를 판단하는데 기준이 된다. 판매원의 충성도는 판매원과 고객 간의 관계 만족도를 높이는데 중요한 요인으로 작용한다.

네트워크 마케팅의 마진 만족도와 판매원 충성도 간의 밀접한 관련이 있다(Bitner, Booms, and Tetreault, 1990; Ruekert and Churchill, 1984). 네트워크 마케팅의 마진 만족도가 실제로 판매원 충성도에 어느 정도 영향을 미치는지를 계량적으로 측정하기는 어려우나, 고객의 관점에서 네트워크 마케팅에서 판매원과의 관계를 통해서 자신이 이익과 혜택을 입었다고 생각한다면 이는 마진 만족도로 설명할 수 있다.

네트워크 마케팅의 마진 만족도와 제품 충성도 간의 밀접한 관련이 있다(Anderson, Fornel, and Lehman, 1994). 네트워크 마케팅의 판매원이 고객들에게 제품구매에 따른 제품의 질과 구매혜택을 설명할 때 고객들은 제품구매를 통해서 충성도가 유발되며, 이 제품구매 행위가 반복되는 과정에서 제품 충성도는 증가하게 된다.

네트워크 마케팅의 제품 만족도와 제품 충성도 간의 밀접한 관련이 있다(Anderson, Fornel, and Lehman, 1994; Fornell et al., 2001). 네트워크 마케팅에서 고객들이 제품과 서비스에 대한 만족도가 높게 되면, 자연히 제품 충성도가 증가하게 된다. 고객들은 제품과 서비스를 구매하는 과정에서 기대했던 것보다 만족도가 높을 경우에 구매한 제품에 대해 충성도가 증가하게 된다.

네트워크 마케팅의 판매원의 충성도와 제품 충성도 간의 밀접한 관련이 있다(Crosby, Evans, and Cowles, 1990; Berry and Parasuraman, 1991). 네트워크 마케팅에서 구매자와 판매자 간의 인적관계에 대한 신뢰성이 높게 되면, 판매원에 대해서 충성도가 높아지게 되고 구매한 제품에 대한 충성도가 함께 증가하게 된다. 판매원의 충성도는 고객의 구매와 재구매 행위가 반영된 결과이다.

네트워크 마케팅의 판매원 충성도와 사업 구축자 간의 밀접한 관련이 있다(Kennedy, 2001; Doney and Cannon, 1997). 고객들은 네트워크 마케팅 기업과 판매원에 대해서 충성도가 높을 때 사업 구축자에 대한 신뢰도 증가하게 된다. 네트워크 마케팅은 다른 마케팅 활동과 다르게 판매원이 제공하는 제품과 서비스에 대한충성도가 중요하게 작용한다.

네트워크 마케팅의 제품 충성도와 사업 구축자 간의 밀접한 관련이 있다(Kennedy, 2001; Berry and Parasuraman, 1991). 장기적인 관점에서 구매자와 판매자 간의 관계 만족도가 높으면 제품 충성도는 자연히 증가하게 되며, 사업 구축자는 네트워크 마케팅 조직의 하부 라인에 훈련 프로그램을 제공하거나 다른 사람들에게 제품을 추천하는 행위를 한다.

6. 네트워크 마케팅의 경영성과

성공은 습관이다.

Success is a habit.

네트워크 마케팅과 사업성과 간의 관련성에 대한 연구를 제시하였다. 네트워크 마케팅 혹은 네트워크 마케팅은 제품 분포의 한 방법이다. 제품은 독립된 배분자를 통해서 이동하게 되며 배분자는 사업기회에 대해서 소개하는 역할을 한다. 네트워크 마케팅은 막대한 광고비 및 판매 촉진비를 사용하는 대신에 네트워크 마케팅의 유통업자 라인을 사용함으로 이러한 비용을 절감할 수 있다. 동일한 시점에 소비자에 대한 제품을 도매 가격 수준으로 이용할 수 있다. 네트워크 마케팅 조직은 생존을 위해서 새로운 유통업자를 영입하는 것은 필수적이다. 네트워크 마케팅 유통업자는 일반적으로 상부 라인의 소폰서십과 하부 라인의 채용을 활용한다. 네트워크 마케팅은 네트워크를 개발하기 위해서 친밀감과 수단을 최대한 활용하고 있다.

네트워크 마케팅의 도입 원천은 네트워크 마케팅의 경험 정도에 유의한 영향을 미쳤다(Berry, 1997; Clothier, 1994; Poe, 1995). Berry(1997), Clothier(1994)은 다이렉트 마케팅을 하는 기업들은 상부 라인에서 스폰서십을 활용하는 방법과, 하부 라인의 리크루트를 활용하는 방법을 통하여 네트워크 마케팅의 경험 정도를 적극 활용하고 있다. Poe(1995)는 네트워크 마케팅의 도입 원천과 네트워크 마케팅의 경험 정도와 밀접한 관련성이 있다는 점을 강조하였다.

성과요인 분류

네트워크 마케팅의 참여 이유는 도입 원천에 유의한 영향을 미쳤다(Bremner, 1996; Carmichael, 1993). Bremner(1996)는 다이렉트 마케팅에서 기업들은 상부 라인과 하부 라인의 친근감과 결속력을 강화시키면서 다이렉트 마케팅의 수익성을 높이는 방법을 활용한다. Carmichael(1993)는 네트워크 마케팅의 참여 이유는 네트워크 마케팅의 도입 원천과 밀접한 관련성이 있다는 점을 강조하였다.

네트워크 마케팅의 경험 정도는 네트워크 마케팅의 유통업자의 참여에 유의한 영향을 미쳤다(Lan, 2002; Pratt and Rosa, 2003). Lan(2002)는 네트워크 마케팅에 대한 많은 경험 정도를 가지고 있는 기업들은 네트워크 마케팅의 라인 상에서 다른 유통업자의 참여를 독려하는 역할을 한다. Pratt and Rosa(2003)

는 네트워크 마케팅 기업들은 네트워크 마케팅의 경험 정도를 활용하는 차원에서 훈련 프로그램의 질적 수준을 높임으로서 새로운 유통업자의 참여를 독려하는 역할을 한다.

네트워크 마케팅의 파트너십은 네트워크 마케팅의 사업성과에 더 크게 영향을 미쳤다(Grayson, 1996; Pratt, 2000). Grayson(1996)는 네트워크 마케팅을 통하여 강력한 파트너십을 형성할 경우에 약한 파트너십을 형성한 경우보다 네트워크 마케팅의 사업성과가 더 높게 나타났다. Pratt(2000)는 네트워크 마케팅에서 상부 라인의 지원과 촉진은 하부 라인과의 결속력을 강화시키며 네트워크 마케팅의 사업성과를 높이는 결과를 가져 온다.

Coughlan and Grayson(1998)는 네트워크 마케팅 조직의 보상계획, 소매 네트워크 성장, 수익성에 관한 연구이다. 네트워크 마케팅 조직(NMOs)은 소매 판매 경로이며, 네트워크 마케팅 조직은 독립적인 유통업자를 사용해서 소매시장에서 제품을 거래할 뿐 만 아니라, 네트워크가 활성화되는 과정에서 새로운 유통업자를 채용하기도 한다. 인적 판매액에 대해서 일정 부분 수수료와 마진을 제공하며, 네트워크 하부 라인의 인적 판매액에 대해서 순 수수료를 제공한다. 네트워크 마케팅을 통한 수수료와 마진은 네트워크 마케팅 조직에서 유통업자의 동기부여를 위해서 공통적으로 제공하는 보상방법의 하나이다. 본 교재는 소매 네트워크 마케팅 조직의 성장에 대한 동태적 의사결정 모형을 개발하고 분석해서 적절한 연구모형으로 개발하는데 있다.

네트워크 마케팅 조직의 채용 시간과 수익성 간의 밀접한 관련이 있다(Anderson, 1985; Churchill et al., 1985; Weiss and Anderson, 1992). 모든 잠재적 네트워크 채용에 도달하는 시간은 대규모 안정된 상태의 네트워크 규모, 유통자에 대한 대규모 혁신성, 네트워크 하부 라인 유통업자의 대규모 제한적 혁신성을 감소시킨다.

네트워크 마케팅 조직의 유통업자 인센티브와 채용 소요시간 간의 밀접한 관련이 있다(Frenzen and Davis, 1990; Biggart, 1989; Grayson, 1996). 네트워크 마케팅 조직에서 채용 소요시간에 대해 유통업자에게 인센티브를 지급하는 것은 안정된 상태의 네트워크 규모, 유통업자 자신과 하부 라인의 혁신, 새로운 유통업자의 보유율을 증가시킨다.

네트워크 마케팅 조직의 유통업자 소득은 네트워크 규모, 네트워크 혁신, 하부라인의 혁신 간의 밀접한 관련이 있다(Crosby et al., 1990; Crosby and Stephens, 1987). 네트워크 마케팅 조직에서 유통업자의 소득은 안정된 상태의 네트워크 규모, 네트워크 하부 라인의 혁신을 증가시킨다.

네트워크 마케팅 조직의 채용시간, 유통업자 인센티브, 유통업자 소득 등이 지속적으로 확대될 때 네트워크는 빠르게 성장한다(Frenzen and Davis, 1990; Crosby et al., 1990). 네트워크 마케팅 조직의 이 영향 요인들의 지속적 확대는 수익성과 네트워크 성장성에 긍정적인 영향을 미칠 것이며, 이 속성들로 인해서 발생하게 되는 네트워크 시장참여자의 문제는 크지 않을 것이다.

네트워크 마케팅 조직의 수익성은 네트워크 마케팅 조직의 영향요인들에 의해 영향을 받는다(Coughlan, 1998; Coughlan and Sen, 1989; Coughlan, 1993). 네트워크 마케팅 조직에서 대규모 안정된 상태의 네트워크 규모, 유통자에 대한 대규모 혁신성, 네트워크 하부 라인 유통업자의 대규모 제한적 혁신성 등은 네트워크 마케팅 조직의 수익성에 영향을 미친다.

교육효과 성과

본 교재는 Dennison(1989)가 개발한 DDR(Dennison Laterality Repatterning) 프로그램이 효과성을 분석한 연구이다(Teplitz(2013). Dennison(1989)는 네트워크 마케팅의 전문가인 Brain Gym(1986)이 네트워크 마케팅 사업의 판매효과와 네트워크 마케팅 효과를 증진하는 교육을 실시하다가, 다른 마케팅 활동과 다르게 네트워크 마케팅 사업은 시장의 상황에 긴밀하게 대응할 수 있는 다이렉트 판매에 기반을 두고 있기 때문에 네트워크 마케터들을 대상으로 하는 네트워크 마케팅 교육을 체계적인 프로그램으로 개발해서 세미나 형태로 지속적인 피드백을 받으면서 교육할 필요성을 인식하게 되었다. Brain Gym(1986)은 이러한 네트워크 마케팅 사업의 교육 필요성을 인식하고 1986년에 곧바로 네트워크 마케팅 세미나를 개최했으며, 그 이후에 Dennison(1989)가 이를 더욱 체계적으로 발전시켜서 DDR(Dennison Laterality Repatterning) 프로그램을 개발하였다.

본 교재에서는 DDR(Dennison Laterality Repatterning) 프로

그램의 효과를 Switched-on Selling (SOS), Switched-on Network Marketing (SONM) 세미나의 교육효과, DDR(Dennison Laterality Repatterning)과 판매효과 간 관련성, DDR(Dennison Laterality Repatterning)와 네트워크 마케팅 효과 간 관련성에 대해서 분석하고자 하는 것이 연구목적이다. 본 교재는 이러한 연구목적을 규명하기 위해서 다음과 같은 연구 과제를 설정하였다. 첫째, DDR(Dennison Laterality Repatterning) 프로그램의 효과를 Switched-on Selling (SOS), Switched-on Network Marketing (SONM) 세미나에 참가하는 교육생을 통해서 분석하고자 한다. 둘째, DDR(Dennison Laterality Repatterning)이 판매효과에 미치는 영향을 분석하고자 한다. 마지막으로, DDR(Dennison Laterality Repatterning)이 네트워크 마케팅 효과에 미치는 영향을 분석하고자 한다.

본 교재는 Dennison(1989)가 개발한 DDR(Dennison Laterality Repatterning) 프로그램이 효과성을 분석한 연구이며, 분석한 결과 다음과 같은 연구결과를 얻었다. 첫째, DDR(Dennison Laterality Repatterning) 프로그램의 효과를 Switched-on Selling (SOS), Switched-on Network Marketing (SONM) 세미나의 교육에 효

과적이었다. DDR(Dennison Laterality Repatterning) 프로그램의 지속적 확장을 위해서 Switched-on Selling (SOS), Switched-on Network Marketing (SONM) 세미나를 통해서 교육을 하고 있는데, 세미나 참가 전보다 참가 후에 교육만족도가 더 높았다.

둘째, DDR(Dennison Laterality Repatterning)은 판매효과를 높여 주는데 효과적인 프로그램이다. 네트워크 마케팅 사업에 참여하는 교육생들은 DDR(Dennison Laterality Repatterning) 프로그램을 통해서 제공하는 교육내용이 네트워크 마케팅 사업에서 판매효과를 증진시키는데 도움을 준 것으로 나타났으며, 실제로 DDR(Dennison Laterality Repatterning)에 판매효과에 긍정적이라는 응답이 부정적이라는 응답보다 더 높았다.

마지막으로, DDR(Dennison Laterality Repatterning)은 네트워크 마케팅 효과를 높여 주는데 효과적인 프로그램이다. 네트워크 마케팅 사업에 참여하는 교육생들은 DDR(Dennison Laterality Repatterning) 프로그램을 통해서 제공하는 교육내용이 네트워크 마케팅 사업에서 네트워크 마케팅 효과를 증진시키는데 도움이 된 것으로 나타났으며, 실제로 DDR(Dennison Laterality Repatterning)에 판매효과에 대체적으로 긍정적이라는 응답이 많았고 매우 효과적이었다고 응답한 교육생들도 많았다.

비즈니스모델 성과

본 교재의 이론적 배경은 스포츠 산업의 네트워크 마케팅을 적용하기 위하여 네트워크 마케팅과 피라미드 구조 간 관련성, 네트워크 마케팅의 비즈니스 모델에 대한 연구로 요약할 수 있다. 네트워크 마케팅과 피라미드 구조 간 관련성에 대한 연구를 보면 시아파 법학자는 네트워크 마케팅과 피라미드 기업이 이슬람 경제에 긍정적인 영향을 미쳤다고 하였으며, 이란의 형사법과 관할권의 관점에서 네트워크 마케팅이 이란의 경제적 혜택에 기여하였다고 하였다(Moradi et al., 2013; Atarzad도 et al., 2013). 또한 네트워크 마케팅과 피라미드 구조 간의 관련성에 대한 연구에서 네트워크 마케팅이 고용에 효과적으로 작용하였다고 하였으며, 네트워크 마케팅은 e-마케팅의 성과에 정(+)의 영향을 미쳤으며 e-마케팅은 재무구조에 긍정적으로 작용한 것으로 나타났다(Azizi et al., 2011; Yang et al., 2015).

네트워크 마케팅의 비즈니스 모델에 대한 연구를 보면 마케팅 분야에 비즈니스 모델의 매개적 요인을 제시하였고, 네트워크 마케팅의 비즈니스 모델은 e-마케팅 분야에 더욱 효과적이며 네트워크 마케팅의 참여자의 85%가 제품을 인터넷으로 구매하는데 효과적이라고 한다(Yang et al., 2015; Anderson, 2003; Dino et al., 2014). 또한 소비재 시장에서 전자제품과 서비스를 공급하는데 있어서 네트워크 마케팅의 비즈니스 모델이 효과적임을 제시하였다(Bagheri et al., 2004; Haikel, 1998; Hoffman, Novak, and Chatterjee, 1995).

스포츠 사업에 네트워크 마케팅을 적용하는데 있어서 네트워크 마케팅의 인과 조건, 중심 환경, 배경, 전략, 혼란상태, 귀결 등의 요인에 기초해서 비즈니스 모델을 설계하여야 한다(Elan and Hassan, 2016). 네트워크 마케팅의 인과 조건 요인은 스포츠 제품의 촉진을 위한 고용, 건강한 경쟁, 스포츠 경쟁 브랜드의 증가, 전자 판매의 고객만족 등의 요인들이 고려되어야 하며, 중심환경 요인은 체계적 지원 시스템의 도입에 따른 전략 제시의 중요성이 강조되었다(Shakoory, 2014; Hassanzad

도, 2003). 네트워크 마케팅의 배경 요인은 직업적 카리스마, 직업적 성공, 교육훈련 배경, 촉진 유형, 직업특성, 직업요건 등의 내용이 고려되어야 하며, 혼란상태 요인은 촉진 장벽, 그릇된 신념, 부적절한 네트워크 마케팅 문화, 개인적 장벽 등의 요인들이 고려되어야 한다(Deir, 2001; Hossini, 2004; Atarzado et al., 2013). 또한 네트워크 마케팅의 귀결은 실질적 이해관계자, 국내경제의 개발, 경제개발의 범위, 네트워크 참신성 등에 효과적으로 작용한다(Elan and Hassan, 2016; Apavaloaie, 2012; Shojaei, 2004).

제3부

마케팅 4.0 시대의 네트워크 마케팅 특성

7. 네트워크 마케팅의 인적 특성

어려움을 극복할 때 그릇이 커진다.

When you overcome difficulties,

the bowl becomes bigger.

마케팅 4.0(marketing 4.0)은 마케팅이 전통적 방식에서 디지털 방식으로 이동하게 되면서 지금까지 제품과 사람을 보는 관점이 달라지고 있고, 4차 산업혁명기술의 변화에 따른 새로운 마케팅 전략을 수립해야 한다(Kotler et al., 2016). 전통적 마케팅에서 4차 산업혁명 시대에 마케팅의 변화를 보면 마케팅 1.0 시대는 제품중심의 마케팅으로 전통적 마케팅의 관점에서 기업이 제품중심으로 고압적 마케팅으로 시장을 선도하였으며, 마케팅 2.0 시대는 고객중심의 마케팅으로 시장에 마케팅 컨셉이 도입되면서 고객중심으로 마케팅을 수행해 나간 시대이다. 마케팅 3.0 시대는 인간중심의 마케팅으로 마케팅의 변화는 제품중심의 마케팅과 고객중심의 마케팅에서 더 한걸음 나아가서 고객을 감동시키는 단계까지 발전되었으며, 마케팅이 전통적 방식에서 디지털 방식으로 바뀌면서 마케팅 전략도 달라졌는데, 마케팅 4.0은 기업과 고객간 온라인과 오프라인을 통합한 마케팅으로 4차 산업혁명 시대에 대응한 마케팅을 말한다.

  네트워크 마케팅에서 일자리 창출은 4차 산업혁명시대에 기술의 변화에 따른 산업구조의 변화, 일자리 창출에 한계를 지적하면서, 4차 산업혁명을 대비하기 위한 마케팅의 변화에 주목할 필요가 있다.[1] 전통적 마케팅에 비해서 네트워크 마케팅이 가지고 있는 성과공유(benefit sharing), 관계가치(relationship value), 공유경제(sharing economy)의 이점을 적극적으로 활용해서 산업현장에 적용할 필요가 있다. 네트워크 마케팅은 마케팅 4.0 시대에 일자리를 교체하는데 기여할 뿐만 아니라, 마케팅 4.0 시대에 새로운 일자리 창출의 대안으로 네트워크 마케팅의 인적 특성을 발굴하고, 네트워크 마케팅의 인적 특성 사례를 개발하고, 이 결과를 마케팅 4.0 시대에 산업현장에 적용한다면 4차 산업혁명시대에 적합한 일자리를 창출하는데 하나의 대안이 될 것이다.

---

[1] 제 3부 마케팅 4.0 시대의 네트워크 마케팅 특성에 대한 내용은 김학천(2018)의 "네트워크 마케팅의 경영자산이 보상성과에 미치는 영향에 관한 연구"를 참고로 네트워크 마케팅의 인적 특성, 네트워크 마케팅의 조직적 특성, 네트워크 마케팅의 관계가치적 특성, 네트워크 마케팅의 조직역량, 네트워크 마케팅의 보상성과에 대한 내용을 재정리 하였음.

네트워크 마케팅의 인적 특성

4차 산업혁명시대에 일자리 창출은 각 산업별로 기술혁신의 변화와 제품수명주기에 따라 적합한 일자리를 만들어 나가는 데 주목하였는데, 이 인더스터리 4.0에 따른 일자리는 기존의 산업에 비해서 일자리가 창출되는 자리보다 소멸되는 것이 더 많은 것이 현실이다. 이에 비해서 네트워크 마케팅은 기술혁신의 흐름보다는 마케팅혁신의 변화에 따른 새로운 일자리를 창출하고자 하는데 있다.

오늘날의 마케팅은 지금까지 소비자의 동질성과 이질성을 중심으로 논의되었던 전통적 마케팅은 한계가 있으며, 오늘날의 마케팅은 공급체인관리의 변화, 가치사슬의 변화, 유통혁명의 시대, 디지털 마케팅 시대, 사회연결망 네트워크, 소비자 기호의 변화 등이 나타나고 있으며, 이런 마케팅 환경의 변화에 신속하게 대응하기 위해서 공급체인관리에서 성과를 공유하고, 공급자와 고객 간의 관계가치를 고려하면서, 시장경제의 변화에 따른 공유경제를 실현하는 것이 마케팅에서 무엇보다 중요하다.

네트워크 마케팅의 인적특성은 네트워크 마케팅의 보편적 가치에 기반을 둔 조직성, 인간성, 사회성을 포함한다(Kildal and Kunle, 2002; Kunle, 2000; Jimu, 2016). 네트워크 마케팅의 조직성은 네트워크 마케팅 기업들 중에서 조직성이 좋고 조직구조가 잘 구축되어 있는 기업들은 다른 기업들에 비해서 네트워크 마케팅의 조직성으로 인한 경영시시스템과 유통시스템이 체질화되어 있어서 본사의 혁신역량이 강화되고 네트워크 마케팅의 성과로 이어졌다. 네트워크 마케팅의 인간성은 네트워크 마케터들이 인적자질이 우수하고 네트워크 마케터 간의 상호협력과 커뮤니케이션이 잘 되는 네트워크 마케팅 기업들은 리더의 마케팅 역량을 통해서 네트워크 마케팅의 성과가 증가하는 결과를 가져온다. 또한 네트워크 마케팅 기업들 중에서 네트워크 마케팅의 조직성과 인간성이 우수한 기업들은 다른 기업들에 비해서 본사의 혁신역량과 리더의 마케팅 역량을 강화하면서 네트워크 마케팅 성과를 높이고 있는데 비해서, 특히 네트워크 마케팅의 사회성은 전통적 마케팅에서 디지털 마케팅으로 발전되는 과정에서 기업과 고객간 온라인과 오프라인을 통합한 마케팅이 마케팅 분야에서 중요성이 높아지면서 마케팅 4.0 시대에 네트워크 마케팅의 특성으로 새롭게 주목받고 있다.

네트워크 마케팅의 인적 특성 사례

Fu, Teo, and Wang (2008)는 네트워크 마케팅 조직에서 중국 이민자의 창업 성과에 대한 연구이다. 이민자의 창업가 정신에 대한 연구는 문헌연구에서 많은 실증연구가 수행되었으며, 특히, 호주로 이주한 많은 중국 이민자들이 네트워크 마케팅 조직에 참여하였다. 그러나 문헌연구를 고찰해 본 결과, 네트워크 마케팅 조직에서 실증연구는 미흡하게 수행되었으며, 네트워크 마케팅 조직에서 중국 이민자의 성과를 설명하는 네트워크 마케팅의 영향요인에 대한 실증연구는 매우 미흡하게 수행되었다. 본 교재의 목적은 네트워크 마케팅 조직에서 중국 이민자의 창업 성과에 대한 통합적인 연구모형을 제시하고자 하며, 더 나아가 본 교재에서 제시한 연구모형의 주요 변수들이 네트워크 마케팅 사업에서 중국 이민자의 네트워크 마케팅

행동이 미치는 영향을 설명하고자 한다.

네트워크 마케팅의 환경적 요인은 중국 이민자의 네트워크 마케터의 창업기회의 욕구에 긍정적인 영향을 미친다(Bandura, 1986; Shane and Venkataraman, 2000; Ecjhardt and Shane, 2003; McMullen and Shepherd, 2006). 환경적 요인은 네트워크 마케팅 조직의 창업가 정신을 고취시키고, 네트워크 마케팅 사업에 대한 창업기회의 욕구를 부축인다. 네트워크 마케팅에 대한 최근 연구를 보면 네트워크 마케팅 조직에서 제공하는 이벤트를 제공받고 교육훈련에 참여할수록 네트워크 마케팅의 환경에 많은 영향을 받으며, 긍극적으로 네트워크 마케터로서 창업기회를 회득하고자 하는 강한 욕구가 일어난 것으로 나타났다. 네트워크 마케팅의 환경적 요인은 중국 이민자의 네트워크 마케터의 자기효능감에 긍정적인 영향을 미친다(Babdura, 1997; Malone, 2001; Choi, Price, and Vinokur, 2003; Tai, 2006; Schwoerer et al., 2005). 사람들은 성공적인 자신의 성과와 유사하게 다른 사람들이 성공한 것을 보게 될 때 자기효능감이 증가하게 되며 이후에도 지속적으로 이러한 성과를 유지하기 위해서 자기효능감을 높이려는 노력을 한다. 네트워크 마케팅 조직에서 환경적 요인은 네트워크 마케터의 자기효능감을 높여주며 사업성과를 향상시키는데 기여한 것으로 보인다.

네트워크 마케팅의 자기효능감은 성공적인 중국 이민자의 네트워크 마케터의 창업가적 행동에 긍정적인 영향을 미친다(Bandura, 1997, 1986; Forbes, 2005). 자기효능감은 인간행동을 결정하는 중요한 요인이되며, 자기효능감이 낮은 사람들은 높은 사람들에 비해서 개인적으로 어려운 일들을 회피하고 포기하려고 하는 경향이 강하다. 자기효능감은 사람들이 어떤 일을 선택하거나 추진하려고 하는데 영향을 미치며, 일반적으로 자기효능감이 높은 사람들은 적극적인 행동을 하며 조직 내에서 인센티브에 대해 적극적인 행동을 보인다. 네트워크 마케팅 조직의 창업기회에 대한 욕구가 강할수록 창업가적 행동도 더 증가한다(Jung, Ehrlich, and Nobel, 2001; Hooft et al., 2005; Westaby, 2005; Choo and Wong, 2006). 네트워크 마케팅 조직의 창업기회에 대한 욕구는 창업가적 행동과 밀접한 관련성이 있으며, 창업의도가 창업가적 행동을 유발하는데 긍정적으로 작용하였다. 네트워크 마케팅에서 창업가 정신은 창업의도에 영향을 미치고, 네트워크 마케터의 창업의도가 어디에 있는

가에 따라 창업행동은 달라진다.

Koroth(2014)는 네트워크 마케팅의 기대부응, 대중적 이미지, 직업만족 등이 이직에 미치는 영향에 관해서 연구하였다. 네트워크 마케팅 혹은 추천 마케팅은 제품 유통의 한 방법이며, 제품 유통은 독립적인 유통자를 통해서 이전 된다. 유통업자는 네트워크 마케팅을 통해서 다른 유통업자를 소개하거나 새로운 사업기회를 제공하는 역할을 한다. 네트워크 마케팅은 기존의 마케팅 활동에서 지불한 막대한 광고비와 프로모션 비용을 절감할 수 있기 때문에 유통업자와 소비자들에게 유리한 마케팅 활동이다. 전 세계적으로 직접 판매가 성장하고 있으나, 네트워크 마케팅 조직에서 판매원 이직율은 지속적으로 증가하고 있는 추세이다. 네트워크 마케팅은 고객 및 직접 판매자와 장기적인 계약관계를 유지하는 과정에서 채용조건, 고객 불만족 등과 관련된 비용들이 발생하게 된다. 인도의 케랄라 지역의 환경 하에서 네트워크 마케터와 유통업자 간의 의 관계에서 인도의 네트워크 마케팅은 다른 신흥시장에 비해서 네트워크 마케팅의 특이성이 나타났으며, 이 네트워크 마케팅의 특이성이 이직의도에 직접적인 영향을 미쳤다고 하는 것은 의미 있는 연구이다.

네트워크 마케팅의 기대부응, 대중적 이미지, 직업 만족도, 이직에 대한 연구로 요약할 수 있다. 첫째, 네트워크 마케팅의 기대 부응, 대중적 이미지와 직업 만족도 간의 밀접한 관련이 있다(Wotruba, Sciglimpaglia, and Tyagi, 1987; Wotruba, 1990). 네트워크 마케팅 기업의 기대 부응과 대중적 이미지는 직업의 고용 인식과 최적의 경력관리를 상대적으로 중요하게 인식하고 있거나, 직업인식을 고루하게 생각하고 있지 않거나 직업인식의 만족도가 공정하다고 인식하고 있다. 둘째, 네트워크 마케팅의 기대 부응과 이직 간의 밀접한 관련이 있다(Locke and Lathan, 1976; His, 1995). 네트워크 마케팅 기업들 중에서 막대한 영구소득, 할인된 제품 구매 등과 같은 기대 부응은 이직에 영향을 미친다. 셋째, 네트워크 마케팅의 대중적 이미지와 이직 간의 밀접한 관련이 있다(Brodie and Stanworth, 1998; Luthan, 1998). 네트워크 마케팅 기업들 중에서 상대적으로 좋은 직업, 혹은 삶의 긍정적 태도 등과 같은 대중적 이미지는 이직에 영향을 미친다. 마지막으로, 네트워크 마케팅의 직업 만족도와 이직 간의 밀접한 관련이 있다(Granfield and Nicols,

1975; Wotruba, Sciglimpaglia, and Tyagi, 1987; Wotruba, 1990; Brodie and Stanworth, 1998). 네트워크 마케팅 기업들 중에서 직업의 고용 인식과 최적의 경력관리를 상대적으로 중요하게 인식하고, 직업인식을 고루하게 생각하고 있지 않거나 직업인식의 만족도가 공정하다고 인식하고 있는 기업들의 이직이 낮은 것으로 보인다.

Selladurai(2012)는 네트워크 마케팅에 공급체인관리를 접목시켜서 네트워크 마케팅-공급체인관리에 대한 연구 프레임을 제시한 연구이다. 오늘날 네트워크 마케팅은 공급체인관리의 전략적 수단의 하나로 기업들이 많이 활용하며 확산되어 있다. 본 교재는 네트워크 마케팅-공급체인관리의 프레임웍을 제시하여 정책적 혹은 실무적 시사점을 제시하고자 한다. 오늘날 네트워크 마케팅은 인터넷의 성장과 확산성으로 인해 기업들이 활발하게 활용하고 있는 마케팅 기법이며, 이에 공급체인관리를 적용한 네트워크 마케팅은 마케팅 성과를 높이는데 효과적으로 작용할 것이다. 본 교재는 오늘날 글로벌 시장에서 기업 경쟁력이 심화되고 있는 상황에서 네트워크 마케팅이 공급체인관리의 전략적 수단의 하나로 작용할 것으로 보며, 기업의 전략적 수단으로 네트워크 마케팅-공급체인관리의 프레임웍을 제시하고자 한다.

공급체인관리, 네트워크 마케팅-공급체인관리에 대한 연구로 요약할 수 있다. 공급체인관리는 제품의 생산단계부터 최종소비자에게 상품이 판매될 때까지의 과정을 전사적이며 통합적으로 관리하는 것을 말하며, 이와 연관된 물적 흐름, 정보의 흐름, 자금의 흐름을 효율적으로 관리하여 산업 내 혹은 산업간 전후방효과를 극대화하며 공급체인상의 불필요한 비용을 최소화하고 고객만족도를 최적화하는 것이다(Zhu and Sarkis, 2004; Goodman, 2000). 최근에 공급체인관리 시장에서 수요변동성, 비용최적화, 고객기대치 증가 등에 많은 기업들이 관심을 가지고 있는 것은 공급체인관리 시장에 글로벌 경쟁이 더욱 심화되고 환경의 불확실성이 더욱 높아져 가면서 이를 해결하기 위한 수단으로 정보기술 유용성을 높여서 공급체인관리의 유연성과 신속대응력을 확대하고자 하는데 있으며, 공급체인관리는 글로벌 경쟁이 심화되는 상황에서 기업들은 공급체인관리의 정보기술 유용성을 높임과 동시에 지속적으로 운영비용을 절감하고 고객만족도를 높이는데 있다(Rao and Holt,

2005; Tuescher and Gruninger, Ferdinand, 2005).

네트워크 마케팅-공급체인관리는 네트워크 마케팅에 공급체인관리를 접목시킨 것인데, 네트워크 마케팅은 제조업자, 유통업자 네트워크, 고객 간의 네트워크 통합을 통해서 수익을 달성한다(Klassen and Whyba가, 1999; Ramus and Steger, 2000). 제조업자와 유통업자 네트워크 간의 관계, 유통업자 네트워크와 고객 간의 관계는 네트워크 마케팅 통합을 통한 수평적 관계를 통해서 수익을 달성하는 구조이다. 이에 비해서 유통업자 네트워크는 네트워크 마케팅 회사, 대리인, 유통업자, 도매자, 소매자 간의 네트워크 마케팅 통합을 통한 수직적 관계를 통해서 수익을 달성하는 구조이다(Roth, Pullman, and Gray, 2008; Lee and Whang, 2000). 본 교재는 이 네트워크 마케팅의 구조에 공급체인관리의 특성 중에서 최고 경영자의 몰입도, 혁신, 창의, 유연성을 기반으로 한 설계, 전반적인 공급체인의 통합과 효율성 등을 통해서 고객의 만족도와 고객의 충성도를 증대시키는데 있다(Liker and Choi, 2004; Lee and Billington, 1992; Reichheld, 2006).

네트워크 마케팅의 인적 특성과 성과

Foruzandeh and Abbasi(2014)는 비 피라미드 네트워크 마케팅의 실행 효과 측정에 관한 연구이다. 전 세계적으로 네트워크 마케팅이 확산되고 있는 환경에서 네트워크 마케팅의 실행 및 효과측정에 대한 연구는 미흡한 상태이다. 본 교재는 이란의 Zarengah Parsian Co. 기업을 대상으로 네트워크 마케팅이 근로자와 고객들에게 미치는 효과를 분석하고자 한다. 본 교재의 실증연구를 위해서 일반인을 대상으로 설문지를 설계하여 신뢰도 계수(cronbach's alpha)를 측정하였고, 전문가의 의견을 반영하여 연구의 신뢰성과 타당성을 확보하였다. 네트워크 마케팅의 실증연구를 위해서 전체 400개의 표본을 수집하여 기술통계분석과 추론통계방법을 활용하여 분석하였다. 네트워크 마케팅의 특성, 비용 효과의 감소, 고객의 만족도, 서비스 속도, 집단 지식 등이 변수로 사용되었다. 이란의 공기업 및 민간기업의 네트워크 마케팅의 특성이 비용 효과의 감소, 고객의 만족도, 서비스 속도, 집단 지식 등에 유의한 영향을 미치는 것으로 나타났다.

네트워크 마케팅의 특성과 비용 효과 간의 밀접한 관련이 있다(Ramire E., Meredith E. D., and Brusco M., 2013; Silvia-Elena Iacob, Constanta Popescu, and Constantin-Ciprian Iacob, 2012). 네트워크 마케팅을 통해서 이란의 네트워크 마케팅 기업의 총 운영비용에서 생산과 서비스와 관련된 회계비용이 절감되는 효과가 발생한 것으로 보인다.

네트워크 마케팅의 특성이 고객의 만족도 간의 밀접한 관련이 있다(Yang, Xue, 2011; Dai Fu, Wang, Karen Yuan, Teo, Stephen T. T., 2011). 이란의 네트워크 마케팅 기업들 중에서 제품과 서비스와 관련된 고객의 요구에 신속하게 대응한 기업들은 그렇지 않은 기업들에 비해서 고객의 만족도가 증가한 것으로 보인다. 이는 네트워크 마케팅을 통해서 공급하는 제품과 서비스와 관련하여 고객의 요구, 니즈, 납기 등에 기반한 성과측정치를 질적으로 혹은 양적으로 잘 활용해서 마케팅 활동에 반영한 것으로 보인다.

네트워크 마케팅의 특성이 서비스 속도 간의 밀접한 관련이 있다(Oren Gil-Or, 2010; Jacob Goldenberg, Barak Libai, Eitan Muller, Stefan Stremersch, 2010; . 네트워크 마케팅을 통해서

이란의 네트워크 마케팅 기업의 제품과 서비스와 관련된 시간이 단축된 것으로 나타났다. 이는 네트워크 마케팅 기업의 서비스 속도가 증가한 것은 성과 측정에 기인한 성과 측정 시간이 감소한 것으로 보인다.

네트워크 마케팅의 특성이 집단 지식 간의 밀접한 관련이 있다(Jalai Seyyed Me h di, Khadem Mojgan, and Javidani Masoud, 2013). 이란의 네트워크 마케팅 기업들 중에서 집단 지식을 잘 활용한 기업들은 그렇지 않은 기업들에 비해서 네트워크 마케팅 성과가 높게 나타났다. 집단 지식의 활용도가 높은 기업들은 네트워크 마케팅과 관련된 데이터, 정보, 경험 등을 문서로 기록하여 교육에 활용하였고, 근로자들 간의 직무와 관련된 지식의 차이를 효과적으로 줄임으로서 네트워크 마케팅의 성과를 높인 것으로 나타났다.

Koroth and Sarada(2012)는 네트워크 마케팅 혹은 네트워크 마케팅은 제품 유통의 한 방법이다. 제품은 독립적인 유통업자들 통해서 흘러가며, 유통업자는 네트워크 마케팅 사업을 통해서 다른 유통업자에게 제품을 소개하고 사업기회를 획득하는 데 도움을 준다. 네트워크 마케팅의 장점은 광고와 촉진에 막

대한 비용이 들지 않으며 유통업자 및 소비자에게 제품을 제공하기 때문에 광고와 촉진비용에 절감을 가져온다. 그러나 네트워크 마케팅을 지속적인 관리를 하기 위해서 네트워크 마케팅 조직에서 효과적인 모집이 지속적으로 발생되어야 한다. 네트워크 마케팅 조직은 하부라인에 대해서 모집활동을 활발하게 함과 동시에 상부라인에 대해서 소폰서십을 지속적으로 제공함으로서 네트워크 마케팅 조직을 강화시켜야 성과를 높일 수 있다. 따라서 본 교재에서는 네트워크 마케터의 사업성과가 네트워크 마케터의 유대관계, 스폰서 관계의 교육훈련 효과, 하부라인 관계의 교육훈련 효과에 미치는 영향을 강조하였다.

네트워크 마케팅은 사회적 네트워크에 영향을 받는다(Berry, 1997; Bremmer, 1996; Carmichael, 1993; Clothier, 1994). 네트워크 마케팅의 모집과정에 대해서 대체적으로 호의적으로 인식하고 있어야 하고, 네트워크 마케터의 사회적 네트워크에 해당되는 친구, 친척, 이웃, 공동작업자 등에 대해서 좋은 인식을 가지고 있을 때 네트워크 마케팅의 성과와 만족도가 증가된다. 네트워크 마케팅 조직의 채용시간, 유통업자 인센티브, 유통업자 소득 등이 지속적으로 확대될 때 네트워크는 빠르게 성장한다(Lan, 2002; Pratt and Rosa, 2003; Merrilees and Miller, 1999; Grayson, 1996).

 네트워크 마케팅 조직의 네트워크 속성은 네트워크 마케팅의 수익성과 성장성에 긍정적인 영향을 미칠 것이며, 이 속성들로 인해서 발생하게 되는 네트워크 시장참여자의 문제는 크지 않을 것이다. 또한 네트워크 마케팅 조직은 네트워크 마케팅의 수직적 통합과 수평적 통합을 통해서 사업성과를 높인다(Pratt, 2000; Geller, 2006; Tan and Steinberg, 2007; Broke, 2005; Huisken, 2005; Meagher, 2006). 네트워크 마케팅의 수직적 통합은 네트워크 마케팅 기업, 대리인, 유통업자, 도매자, 소매자 등의 마케팅 참여자 간의 네트워크가 잘 구축되어 있어야 하며, 네트워크 마케팅의 수평적 통합은 네트워크 마케팅 기업, 외부 기업, 제조업자, 소비자 등의 마케팅 참여자 간의 네트워크가 잘 구축될 때 네트워크 마케팅을 통한 이익, 광고비 절감, 만족도가 향상되는 결과를 가져 온다.

8. 네트워크 마케팅의 관계가치적 특성

가치 있는 목표는 한번의 시도로 이루어지지 않는다.

A worthwhile goals is not made in one attempt.

관계가치(relationship value)는 공급자와 고객 간의 관계연구를 통해 관계가치에 대한 연구가 시작되었는데, 가치를 거래 시점 한 순간이 아닌 관계라는 연장선상에서 구분하고자 하였다. 관계가치는 거래 시점 한 순간이 아닌 지속적인 관계라는 관점에서 관계가치라는 용어를 사용하였다(Ulage, 2003; Ulage and Eggert, 2009). 관계가치는 1990년대 이전까지 명확하게 주목을 끌지는 않았지만, 가치라는 주제는 항상 모든 마케팅 활동을 위한 근본으로 자리 잡고 있었다. 마케팅의 교환 관점은 가치의 개념에 기반한다고 주장하고 있으며, 이러한 견해가 도전 받지 않는 것은 아니지만, 마케팅의 교환관점은 최고 마케팅 학자들 사이에 오랜 전통으로 받아들이고 있다.

공급자와 소비자 간의 관계가치에 대해 연구되었던 것에 반해 최근에 기업간 거래(B2B)의 관점에서도 관계가치가 논의되고 있다. 특히 최근에 프랜차이즈사업에 있어 가맹본부와 가맹점사업자의 관계가치가 많이 논의되고 있다. 이는 장기 지향적 관계와 연관된 비용과 편익 측면에 관계가치를 주목하고 있다. 관계가치는 가맹점사업자의 지각된 관계가치에 관한 사회적 교환이론(social exchange theory)과 공정성이론(equity theory)

의 두 이론을 모두 고려하는 이론이다(Jensen, 2010; Homans, 1958).

사회적 교환이론은 대인관계 상호작용에 사회적 규범의 수용을 전제로 하고 있으며, 교환 구성원의 행동에 관해 가지고 있는 기댈 일반적으로 정의하고 있다. 사회적 교환이론은 교환이론과 관계가 있는데, 이는 개인이 그들의 사업관계에 있어 제공 받는 것에 대해 긍정적 또는 부정적으로 응답할 것이라 제안하는 것을 의미한다(Jensen, 2010; Homans, 1958). 공정성 이론은 교환관계에 있는 당사자들은 투입과 산출 교환에 있어 각자 비율을 비교한 경제적 생산 목표와 제안에 의해 특정 지어진 관계로부터 얻어진 결과인 성과평가에 초점을 두고 있다. 당사자들은 그들의 교환 파트너와 자신의 비율과 같은 수준에 있는 그들의 교환 파트너와 상호작용하고 있는 다른 사람들, 그리고 그들 가운데 가장 선택 가능한 한사람과 자신의 비율을 비교할 수 있다(Jensen, 2010; Homans, 1958).

네크워크 마케팅의 관계가치적 특성

　네트워크 마케팅의 관계가치적 특성은 네트워크 마케팅의 소비자가치에 기반을 둔 감성적가치, 사회적가치, 효능적가치로 정의한다(holbrook, 2006; Sweeney, 2001). 네트워크 마케팅의 감성적가치, 사회적가치, 효능적가치에 대한 내용은 다음과 같다.

　네트워크 마케팅의 감성적 가치는 네트워크 마케팅을 통해서 고객에게 주는 아름다움, 감동, 품위, 호감과 만족감, 즐거움과 기쁨 등과 같은 제품서비스의 인식을 말한다. 네트워크 마케팅의 사회적 가치는 네트워크 마케팅을 통해서 고객에게 주는 인정감, 자존감, 만족감, 특별한 관계 형성, 사회적 위상 등과 같은 제품서비스 이용의 인식을 말한다. 또한 네트워크 마케팅의 효능적 가치는 네트워크 마케팅을 통해서 고객에게 주는 비용 대비 적절성, 합리성 및 가성비, 상응한 혜택, 우수한 품질, 만족감 등과 같은 제품서비스의 인식을 말한다.

네트워크 마케팅의 관계가치적 특성 사례

Ylikoshi and Oksanen(1999)는 대안적 경로로서 네트워크 마케팅을 중심으로 사업 유대관계에 대한 사회적 관계를 규명하고자 한다. 네트워크 마케팅은 효과적인 대안적 경로 중에 하나이며 오늘날과 같이 사회적 네트워크를 통해서 사업영역이 확장되고 있는 상황에서 특히 효과적인 마케팅 수단이다. 네트워크 마케팅은 다른 직적 마케팅 경로와 다른 사회적 경로의 특성을 보이고 있으면서 온라인 경로와 같이 특정 유사성을 보이고 있다. 본 교재는 네트워크 마케팅과 전통적 마케팅 간의 차이와 유사성을 비교해서 시사점을 제시한 연구이다.

네트워크 마케팅의 대안적 경로 혜택에 대한 연구를 보면, 네트워크 마케팅은 다른 마케팅에 비해서 고객활동과 혜택에 기여할 수 있는 판매경로이다(Peteran et al., 1997; Ylikoski, 1999; Duhan et al., 1997; Wirthlin Worldwide, 1997). 상점 및 수퍼마켓, 메일 주문, 인터넷 등의 고객활동은 고객의 니즈를 규명하고 정보를 탐색하며, 대안적 경로를 찾고 대안적 구매를 하는데 반해서, 네트워크 마케팅의 고객활동은 고객의 니즈를 규명하고 정보를 탐색하며, 대안적 경로를 찾고 대안적 구매를 통한 혜택을 제공할 뿐 만 아니라 구매 후 고객 니즈와 사회적 상호작용 등의 요인도 함께 고려해서 혜택을 제공하는 이점이 있다.

네트워크 마케팅의 사회적 경로에 대한 연구를 보면, 네트워크 마케팅은 본격적인 소매판매와 유통 네트워크의 개발과 밀접한 관련이 있으며 네트워크 마케팅은 사회적 네트워크를 통해서 성장한다(Poe, 1995; Oksanen, 1999; Dewandre and Mahieu, 1995; Weitz and Bradford, 1999). 네트워크 마케팅은 과거의 직접 판매기법과 오늘날 정보 및 커뮤니케이션을 개발하는 역량을 구축하는 전통적 직접 판매방식과는 다르며, 네트워크 마케팅은 기본적으로 개인의 사회적 네트워크를 네트워크 마케팅 사업에 활용하는 것이기 때문에 네트워크 마케팅의 사회적 경로에 해당된다.

사회적 네트워크 마케팅은 다른 마케팅에 비해서 마케팅 경로의 이점을 모두 활용할 수 있는 판매경로이다(Oksane, 1999; Weitz and Bradford, 1999; Croft and Woodruffe, 1996). 전통적 간접 경로, 전통적 직접 경로, 온라인, 전통적 직접판매 등은 판매에 따른 성과 등에 효과적인 판매 경로인데 반해서, 사회적 네트워크 마케팅은 이 마케팅 경로의 이점을 모두 통합하는 경로이다. 특히 잠재고객의 정보 획득, 고객 대상, 고객과의 소통, 반대의견에 대한 설득 및 조정, 제품 납품 및 수금, 판매에 따른 성과 등에 효과적인 판매 경로이다.

네트워크 마케팅의 관계가치적 특성과 성과

Li and Li(2011)는 경험 네트워크 마케팅이 중국의 관광산업에 미치는 영향을 분석한 연구이다. 네트워크 마케팅의 소비패턴 변화가 중국의 경험경제, 경제발전 및 개선에 영향을 미치고 있으며, 소비자는 점차 인적서비스를 추구하거나, 자기만족 혹은 개인화된 서비스에 대해서 기꺼이 돈을 지불하려고 하는 경향을 보인다. 실제로 소비재 시장에서 이러한 감성적 요인을 반영한 제품들의 공급치가 점차 증가하고 추세이다. 소비자는 구매결정을 하는 단계에서 네트워크를 많이 활용하고 있으며, 소비자들은 의사결정과정, 경험감성, 자신의 니즈가 반영된 경험 네트워크 마케팅 등을 중요한 구매의사결정 요인으로 인식하고 있다. 본 교재의 결과를 토대로 향후에 중국의 관광산업을 개발하는데 있어서 마케팅시장에서 경험 네트워크 마케팅의 중요성과 역할이 잘 반영되었으면 한다.

경험 네트워크 마케팅의 중요성에 대한 논의를 보면, 경험 마케팅은 소비자들이 마케팅 활동에서 나타나는 미각, 감각, 생각, 활동, 적절성 등과 같은 5가지 감각으로 재정의하고 있으며 오늘날과 같이 인터넷을 활용한 온라인 마케팅과 e-마케팅이 활성화되고 있는 시점에서 경험 마케팅은 더욱 중요한 의미를 가진다(Guo, 2008; Zhao, 2002). 경험 마케팅의 양상과 같이 오늘날의 소비자들의 트렌드는 과거의 소비자들보다 더 감성적이며 경험을 중시하는 추세이며, 따라서 마케팅 분야에서 경험 네트워크 마케팅은 경험 마케팅의 활성화와 더불어 중요한 마케팅 분야로 인식되게 되었다.

중국 관광산업에서 경험 네트워크 마케팅의 중요성으로 경험 네트워크 마케팅의 도입, 경험 네트워크 마케팅의 개인화된 니즈 반영, 관광회사의 경쟁력 강화차원에서 경험 네트워크 마케팅을 활용 등을 제시하였다(Poon, 1993; Leiper, 1995; Egger,

2004). 관광산업은 내부적으로 경쟁이 치열한 업종이기 때문에 고객들의 니즈를 반영한 경험 네트워크 마케팅을 중국 관광산업에 도입해서 관광회사의 경쟁력을 강화시킬 뿐 만 아니라 관광산업의 활성화에도 기여할 수 있다.

중국 관광산업에서 경험 네트워크 마케팅의 적용으로 네트워크 소비자의 경험 수요 세분화, 경험 네트워크 제품을 설계하기 위한 E-color 마케팅 방식 적용, 경험 네트워크 마케팅에 온라인과 오프라인을 결합한 경험 네트워크 마케팅 모형 적용 등을 제시하였다(Walle, 1996; Doolin, Burgess, and Cooper, 2002). 관광회사들이 관광 마케팅을 활성화하기 위해서 관광을 통해서 즐기고, 모이고, 모방하거나, 자신들의 관광경험을 함께 공유하는 차원에서 웹을 개발해야 하고, 장기적으로 경험 마케팅 차원에서 경험 네트워크 마케팅을 도입해서 관광산업을 활성화시켜야 한다.

9. 네트워크 마케팅의 조직적 특성

성공에는 어떤 속임수도 존재하지 않는다.

There is no trick to success.

Jain, Singla, and Shashi(2015)는 네트워크 마케팅의 조직적 특성 측면에서 사회적 책임감, 자기개발, 개인적 자유, 작업 라이프스타일과 같은 네트워크 마케팅의 동기요인을 제시하였다. 오늘날과 같이 실업율이 높고 근로자들에게 지속적인 수익을 보장할 수 없는 경제적인 상황에서 네트워크 마케팅은 하나의 대안을 제시하는 마케팅 활동이다. 인도 시장에서 네트워크 마케팅은 많은 사람들이 관심을 가지고 있으며 잠재적인 성장이 기대되는 분야이며, 네트워크 마케팅에 참여함으로서 근로자에게 동기부여를 제공함과 동시에, 보상도 뒤 따른다는 점에서 매우 매력적으로 인식하고 있다.

네트워크 마케팅의 조직적 특성

  네트워크 마케팅의 조직적특성은 네트워크 마케팅의 무형자산에 기반을 둔 인적자산, 조직자산, 관계자산, 상징자산으로 정의한다(Ferrini and Vurro, 2010; Auilera et al., 2007; Barnett, 2007). 네트워크 마케팅의 인적자산, 조직자산, 관계자산, 상징자산에 대한 설명은 다음과 같다.

  첫째, 네트워크 마케팅의 인적자산은 네트워크 마케팅에서 대인관계가 좋고, 관계경험이 많으며, 대인관계의 목표의식이 강하고, 대인관계를 잘하며, 대인관계의 분위기를 잘 파악하는 사람이 자기매출과 자기 조직성장에 좋은 성과를 낸다.

  둘째, 네트워크 마케팅의 조직자산은 네트워크 마케팅에서 조직생활에 익숙하고, 조직생활 경험이 많고, 조직의 목표의식이 강하고, 조직관리를 잘하며, 조직분위기를 잘 파악하는 사람이 자기매출과 자기 조직성장에 좋은 성과를 낸다.

  셋째, 네트워크 마케팅의 관계자산은 네트워크 마케팅에서 이해관계자와의 관계가 좋고, 사업자간 신뢰가 돈독하며, 사업자간 상호이익을 위해 협력하며, 다른 사업자에 비해 고객에게 지속적인 혜택을 제공하는 사람이 자기매출과 자기 조직성장에 좋은 성과를 낸다.

넷째, 네트워크 마케팅의 상징자산은 네트워크 마케팅에서 고객과 사업자에게 믿음을 심어주며, 고객과 사업자에게 정직과 신뢰를 심어주고, 기업사회적책임을 잘 감당하며, 지속성장 가능성을 추구하며, 다른 사업자에 비해 명성을 중시하는 사람이 자기매출과 자기 조직성장에 좋은 성과를 낸다.

네트워크 마케팅의 조직적 특성 사례

네트워크 마케팅 조직의 특성을 보면 네트워크 마케팅은 직접 판매 방식이면서 직접 판매 경로에 참여하는 유통업자들에게 막대한 보상 프로그램을 가지고 있다는 점에서 각광을 받고 있다(Kaz and Kahn, 1978; Brodie, 1999; Grayson, 1998; Croft and Woodruffe, 1996; Herbig and Yelkur, 1997). 네트워크 마케팅 조직은 직접 판매 경로를 통해서 포괄적인 인적판매를 강화시키는 조직이며, 제품 구매자, 제품 판매자, 네트워크 마케팅 상에서 유통업자, 소비자, 스폰서, 모집자 등에게 보상 프로그램을 제공하는 조직이다. 네트워크 마케팅은 직접 판매 경로에 참여하는 유통업자, 소비자, 스폰서, 모집자 들에게 판매 보너스, 네트워크 보너스, 인적 모집, 하부구조의 규모 등과 같은 재정성과에 따른 보상 프로그램을 제공한다.

네트워크 마케팅 판매원의 역할에 대해서 네트워크 마케팅의 판매원은 제품의 용도 및 직접 판매, 모집, 조직시민행동 등과 같은 조직 행동의 역할이 중요하며, 조직 행동의 역할을 통합하기 위해서 유통업자의 역할을 어떻게 집중할 것이며, 주별로 어느 정도의 노력을 할 것이며, 현재와 미래를 위해서 정태적 혹은 동태적 역할을 어떻게 정의하고 추진할 것인가 하는 것이 중요하다(Choudhary, 2013; Netemeyer et al., 1997; Organ, 1988; Podsakoff et al., 1994).

개인적 특성과 조직의 역할 간의 관계에 대해서 개인적 특성으로 목적, 인성 유형, 인구통계학적 특성 등의 내용이 논의되었다. 네트워크 마케팅을 통한 목적에는 재정적, 사회적, 개인적 목적이 모두 충족되어야 하며, 인성 유형은 표현형, 감성형, 양성 평등형 등으로 구분되며, 인구통계학적 특성은 연령, 성별, 교육 및 직업, 경험 등의 내용이 중요함을 강조하였다. 조직의 역할은 네트워크 마케팅에서 유통업자의 역할을 정의하는 것인데, 유통업자의 역할은 네트워크 마케팅의 조직의 역할을 정의하고, 역할에 따른 행동 범위를 설정하고, 네트워크 마케팅 조직의 행동을 어떻게 통합할 것인가 하는 것이 중요하다. 네트워크 마케팅에서 개인적 특성과 조직의 역할 간의 관계를 어떻게 설정하느냐에 따라서 개인과 조직의 성과에 기초한 만족도와 네트워크 마케팅 활동의 몰입도가 달라질 것이다. 네트워크 마케팅 기업들은 이 개인적 특성과 조직의 역할 간의 관계를 잘 정의하고 범위를 설정하여서 네트워크 마케팅을 통한 만족도와 몰입도를 극대화시키면서 궁극적으로 판매 보너스, 네트워크 보너스, 인적 모집, 하부구조의 규모 등과 같은 재정성과를 달성하게 된다(Dewandre et al., 1995; Weitz and Bradford, 1999; Netemeyer et al., 1997).

　Duan Xiao-Hong(2011)는 기존의 판매원을 판매 방식은 단기적 관점에서 단순히 고객들에게 제품과 서비스를 판매해서 거래이익을 획득하였는데, 오늘날의 직접 판매 방식은 장기적인 관점에서 고객과의 친밀한 관계를 유지하면서 거래이익을 추구하는 방식이다. 네트워크 마케팅의 판매조직은 장기적인 관점에서 고객과의 관계를 강화시키기 위해서 판매조직을 설치하고, 개발하고, 유지하면서 네트워크 마케팅의 성과를 높이고 있다.

네트워크 마케팅의 조직적 특성과 성과

본 교재의 주안점은 네트워크 마케팅에서 마케팅 참여자의 동기요인에 대한 연구 프레임을 제시하는 것인데, 이는 마케팅 참여자의 동기요인이 네트워크 마케팅의 참여율을 높여서 네트워크 마케팅의 네트워크를 형성하는데 중요한 근간이 되고 있으며, 네트워크 마케팅 회사, 대리인, 유통업자, 도매자, 소매자 간의 팀워크를 통해서 마케팅 참여자의 이익을 어떻게 극대화하는지 규명하였다.

네트워크 마케팅은 네트워크 마케팅 회사, 대리인, 유통업자, 도매자, 소매자 간의 수직적 계열화로 연결되어 있고, 여기에 제조업자, 외부 회사, 소비자 등이 유기적으로 결합되어서 이

윤, 광고비용을 서로 공유하는 마케팅 형태이다. 네트워크 마케팅은 궁극적으로 네트워크 마케팅의 성과와 만족도를 높이기 위해서 이 마케팅 참여자에게 사회적 책임감, 자기개발, 개인적 자유, 작업 라이프스타일 등과 같은 동기부여를 어떻게 하는가에 따라 네트워크 마케팅의 성패가 좌우되고 있다(Jain, Singla, and Shashi, 2015; Singh et al., 2013; Pajera, 2008; Attri, 2011; Dominique, 1993).

네트워크 마케팅에서 마케팅 참여자의 동기요인이 중요하게 작용하는 것은 마케팅 참여자의 동기요인은 네트워크 마케팅의 참여율을 높여서 네트워크 마케팅의 네트워크를 형성하는데 중요한 근간이 되고 있으며, 네트워크 마케팅 회사, 대리인, 유통업자, 도매자, 소매자 간의 팀워크를 통해서 마케팅 참여자의 이익을 극대화할 수 있다는 것이다. 네트워크 마케팅에서 마케팅 참여자의 사회적 책임감, 자기개발, 개인적 자유, 작업 라이프스타일 등과 같은 동기부여가 중요하게 작용하는 것은, 이 마케팅 참여자의 동기부여에 따라 네트워크 마케팅의 성공에 직접적인 영향을 준다는 것이다(Oksanes, 1999; Dai Fu, 2012; Rattanaphan, 2012; Rani and Kumar, 2013; Sparks, 2001;

Akiny, 2008; Huong, 2013; Rani and Kumar, 2013; Choudhary et al., 2013; Arya and Arya, 2014). 또한 네트워크 마케팅 회사는 제조업자, 외부 회사, 소비자 등과 유기적인 협력을 통해서 광고비용을 절감하고 이윤을 극대화함으로서 네트워크 마케팅을 통한 사업성과와 마케팅 참여자의 만족도를 높여서 성장에 기여할 수 있다는 데 있다(Albaum and Peterson, 2011; Brodie, 2004; Keun and Run, 2007; Goncalves, 2008; Constantin, 2009; Sparks and Schenk, 2001).

네트워크 마케팅의 사회적 책임감, 자기개발, 개인적 자유, 작업 라이프스타일 등이 네트워크 마케팅의 동기요인으로 나타났다. 첫째, 사회적 책임감은 기업의 사회적 책임, 일치성 구축, 혁신, 학습, 즐거움, 기여 등을 통하여 네트워크 마케팅 참여자의 사회적 책임감을 고취시켰으며(Oksanes, 1999; Dai Fu, 2012; Rattanaphan, 2012; Rani and Kumar, 2013), 자기개발은 도전, 입지, 기업 정책, 특정 판매대상, 재정보안, 인지 등을 통하여 자기개발을 촉진하였다(Palmatier et al., 2007; Parvin and Kabir, 2011; Albaum and Peterson, 2011; Joshi, 2013). 또한 네트워크 마케팅의 동기요인으로 개인적 자유는 언제 어디서나 작업이 가능하고, 금전적 여유를 제공할 뿐 만 아니라, 추가적으로 제품의 품질을 유지하면서, 진입이 쉽고 낮은 투자로도 사업에 참여할 수 있다는 이점이 제시되었고(Akiny, 2008; Choudhary et al., 2013; Arya and Arya, 2014; Albaum and Peterson, 2011), 네트워크 마케팅의 작업 라이프스타일은 라이프스타일, 자신의 상사, 리더십, 기업 이미지, 보상계획, 성취도 등에 따라 차이를 보였다(Sparks, 2001; Akiny, 2008; Huong, 2013; Rani and Kumar, 2013; Choudhary et al., 2013; Arya and Arya, 2014).

10. 네트워크 마케팅의 조직역량

꿈을 시각화하고 목표를 세워라,

그리고 현재에 최선을 다하라.

Visualize your dreams, set your goals,

and do your best in the present.

조직역량이란 조직의 업무를 구조화하고 직원들로 하여금 명확하게 규정된 전략상의 목표를 달성하도록 만드는 조직의 독특한 역량을 말한다. 조직이 강한 역량을 보유하고 있어야 전략상의 목표를 달성하기 위해 유리한 입지를 선점하게 된다. 전략상의 목표는 업무로 구체화되며, 그 구체적인 업무를 달성하기 위해서는 조직을 구성하는 사람, 조직의 공식구조 그리고 기업문화라고 불리는 비공식조직이 서로 조화를 이루어 나가야 조직역량이 강화될 수 있다.

네크워크 마케팅의 조직역량

　네트워크 마케팅의 조직역량은 네트워크 마케팅의 조직역량에 기반을 둔 본사의 혁신역량, 리더의 마케팅역량으로 정의한다(Komsti-Laakso, Pihkala and Kraus, 2012; Danneels, 2008). 네트워크 마케팅의 본사의 혁신역량, 리더의 마케팅역량에 대한 내용은 다음과 같다.

　첫째, 네트워크 마케팅의 본사의 혁신역량은 고객가치를 실현하기 위해 새로운 아이디어를 창출하고 장려하며, 안정보다는 성장위주로 선도적인 역할을 하며, 경쟁사보다 비교적 우수한 연구개발 역량을 보유하고, 주력제품에 대한 핵심기술을 보유하고, 시장에서 경쟁사보다 우수한 유통 및 판매경로를 확보하고, 혁신역량을 지원하고 장려하는 조직문화를 말한다.

　둘째, 네트워크 마케팅의 리더의 마케팅역량은 다른 사업자에 비해 시장 및 고객의 요구에 신속하게 대응하고, 지속적인 사후서비스를 고객에게 제공하고, 적극적인 마케팅으로 경쟁력을 강화하고, 사업자간 업무상 자주 접촉하며, 사업자간 서로 잘 알고 친밀한 관계를 유지하고, 사업자간 동일한 열정과 비전을 공유하고, 사업자간 의사소통이 원활하며 커뮤니케이션 관리를 잘하며, 기업의 목표가 달성되도록 개별사업자에 비전을 제시하고 독려하는 환경을 말한다.

네트워크 마케팅의 조직역량 사례

Human and Naude(2009)는 기업 간 네트워크가 활성화 되고 네트워크를 통한 협력이 확장되고 있는 상황에서 신흥시장을 대상의 자원준거 관점으로 네트워크 경쟁력, 네트워크 역량, 기업성과 간의 관련성을 분석하고자 하는 연구이다. 오늘날과 같이 네트워크가 활성화되고 있는 것은 기업들이 전략적 자원을 확보하면서 성과를 높이려고 하는 자원준거이론에 기초하고 있다, 본 교재는 남아프리카 지역을 대상으로 기업들이 자원준거 관점으로 네트워크 경쟁력과 네트워크 역량이 기업성과에 어떠한 영향을 미쳤는가를 구조방정식모형(Structured Equation Modeling: SEM)을 통해서 분석하고자 한다. 본 교재에서 제시한 연구모형을 검증하기 전에 네트워크 경쟁력, 네트워크 역량, 기업성과 등의 컨스트럭에 대한 확인적요인분석(Confirmatory Factor Analysis: CFA)을 수행해서 본 교재의 연구모형에 포함될 컨스트럭에 대한 타당성과 신뢰성을 제시하였다.

기업의 네트워크 경쟁력이 강할수록 네트워크 역량은 증가한다(Golfetto and Gibbert, 2006; Baradi er al., 2007; Barney and Aiken, 2000; Blois and Ramirez, 2006). 기업의 네트워크 경쟁력이 강한 기업들은 네트워크 역량이 높고, 네트워크 역량이 강한 기업은 네트워크 경쟁력을 가지고 있다. 기업들은 환경이 불확실한 상황에서 시장에서 자원준거이론(Resource-Based View: RBV)에 근거해서 독자적인 마케팅 활동을 펼치기 보다는 파트너 기업들과 외부 네트워크를 확장하면서 네트워크 경쟁력을 높이고 네트워크 역량을 강화시키려고 한다.

네트워크 마케팅의 조직역량과 성과

기업의 네트워크 경쟁력이 기업성과를 높여준다(Ritter and

Gemunden, 2003; Ritter et al., 2002; Hakansson and Ford, 2002; Wilkinson and Young, 2002; Fang et al., 2008; Palmatier et al., 2007). 기업은 파트너 기업들과 협력관계를 유지하는 과정에서 자사가 필요한 기업의 지식을 습득하고, 경영위험적 요소를 줄여나가면서 파트너 기업들과 지속적인 파트너십을 유지하면서 네트워크 경쟁력이 강화된다. 이 네트워크 경쟁력은 기업특유우위로 작용해서 다른 기업에 비해서 지속적 경쟁우위를 유지하게 되며 기업성과를 높이는데 기여하게 된다.

기업의 네트워크 역량이 기업성과를 높여준다(Walter et al., 2005; Prahant Kale, 2002; Lorenzoni and Lipparini, 1999; Anand and Khanna, 2000). 네트워크 환경에서 기업의 역량을 지속적으로 구축하는 방법은 기업 간의 협력을 통해서 네트워크 역량을 강화하는 것이 효과적이다. 네트워크 역량은 경쟁력 기반 이론(Competence Based Theory: CBT)에 근거를 두고 있으며, 기업들은 네트워크 환경이 불확실한 상황에서도 제휴역량, 관계역량 등의 네트워크 역량을 강화시키면서 네트워크 위험을 줄이고 기업의 성과를 높여 나가는 경영전략을 추구한다.

11. 네트워크 마케팅의 보상성과

성공자의 생각, 행동, 습관을 복제하라.

Replicate the thoughts, actions, and habits of the successful.

성과공유(benefit sharing)란 공급망에서 수요기업이 자신의 제품이나 서비스를 공급하는 기업과 공동으로 노력하여 새로운 가치를 창출하고, 새롭게 창출된 가치를 사전에 합의한 방법에 의하여 나누는 것을 말한다. 이러한 정의에 의해 성과공유 제도는 중소기업이 단가인하를 감당할 수 있도록 중소기업의 기술 및 경영혁신을 지원하고 원가 절감이다 품질 향상, 국산화 등을 통해 일정한 성과를 내면 이를 보상해 주는 제도이다. 성과공유는 공급사 제안, 공급사 개발, 신제품 공동개발 등의 형태로 성과공유가 이루어진다.

공급사 제안은 공급자가 수요기업에게 첫째는 제품, 공정, 포장, 배송 등을 통하여 원가를 절감할 수 있는 아이디어를 제공하는 제안을 하는 방법, 둘째는 원가절감을 유발하지는 않지만 제품, 공정, 포장 등의 품질을 개선할 수 있는 아이디어를 제안하는 방법, 셋째는 생산 및 배송, 정보시스템, 관리방식 등의 개선을 통하여 공급의 탄력성을 높이는 방법, 넷째는 제품의 경쟁력을 높이기 위해서 공급망 전체의 경쟁력을 제고시킬 신기술에 대한 아이디어를 제공하는 방법 등이 대표적이다.

공급사 개발은 수요기업과 공급사가 공동으로 공급사의 생산공정과 관리체계를 개발하고, 그 성과를 미리 정한 방법에 의하여 나누는 것을 말한다. 일반적으로 공급사 개발에는 6 시그마, 린생산 등의 기법이 활용되고 있다. 신제품 공동개발은 수요대기업이 신제품 개발 과정에 공급사를 참여시켜서 공급사가 가지고 있는 각종 지식과 노하우를 활용하여 신제품을 개발하고, 그 결과 창출된 가치를 사전에 정한 방법에 의하여 나누는 것을 말한다. 신제품 공동개발의 성과는 지적재산권 및 개발기술, 설계도면, 시제품 및 상용제품, 프로그램, 하드웨어 장치, 노하우, 사용설명서 등의 내용이 포함된다.

네트워크 마케팅의 보상성과

네트워크 마케팅의 성과보상은 네트워크 마케팅의 성과보상에 기반을 둔 네트워크 성장, 보상으로 정의한다(Ferrini and Vurro, 2010; Sweeney, 2001; Danneels, 2008). 네트워크 마케팅의 네트워크 성장, 보상에 대한 내용은 다음과 같다.

첫째, 네트워크 마케팅의 네트워크 성장은 최종소비자에게 제품이 판매되고, 조직의 구축, 매니저 양성, 세일즈 리더 양성, 조직의 지속적인 유지 및 관리를 통하여 네트워크가 성장하는 것을 말한다.

둘째, 네트워크 마케팅의 보상은 보상방식이 조직의 넓이와 깊이에 영향을 받고, 보상방식이 단수내서 하위라인을 구축하기에 용이고, 보상방식의 기대수익을 예측하고, 소비자가 소비만 해도 보상에 많은 영향을 미치고, 보상규모가 상위라인에 영향을 크게 받는 것을 말한다.

네트워크 마케팅의 경영자산 프레임

김학천(2018)은 마케팅 4.0 시대에 네트워크 마케팅의 특성을 경영자산 차원에서 인적 특성, 조직적 특성, 관계가치적 특성으로 제시하였고, 이 네트워크 마케팅의 경영자산과 조직역량, 보상성과 간의 관계를 네트워크 마케팅의 경영자산 프레임으로 제시하였다.

네트워크 마케팅의 인적특성은 네트워크 마케팅의 보편적

가치에 기반을 둔 조직성, 인간성, 사회성으로 제시하였고 (Kildal and Kunle, 2002; Kunle, 2000; Jimu, 2016), 네트워크 마케팅의 조직적 특성은 네트워크 마케팅의 무형자산에 기반을 둔 인적자산, 조직자산, 관계자산, 상징자산으로 제시하였으며(Ferrini and Vurro, 2010; Auilera et al., 2007; Barnett, 2007), 네트워크 마케팅의 관계가치적 특성은 네트워크 마케팅의 소비자가치에 기반을 둔 감성적가치, 사회적가치, 효능적가치로 제시하였다(holbrook, 2006; Sweeney, 2001). 김학천(2018)은 네트워크 마케팅의 경영자산인 인적 특성, 조직적 특성, 관계가치적 특성이 본사의 혁신역량과 리더의 마케팅 역량에 영향을 미친다는 점을 실증분석을 통해서 규명하였다.

네트워크 마케팅의 조직역량은 네트워크 마케팅의 조직역량에 기반을 둔 본사의 혁신역량, 리더의 마케팅역량으로 제시하였다(Komsti-Laakso, Pihkala and Kraus, 2012; Danneels, 2008). 마케팅 4.0 시대에 네트워크 마케팅은 전통적 마케팅에서 설명하고 있는 조직역량을 강화시키는 것이 아니고, 본사의 혁신역량과 리더의 마케팅역량을 강화시킨다고 하는 점에서 차이가 있다.

네트워크 마케팅의 보상성과는 네트워크 마케팅의 보상성과에 기반을 둔 네트워크 성장, 보상으로 제시하였다(Ferrini and Vurro, 2010; Sweeney, 2001; Danneels, 2008). 김학천(2018)은 4차 산업혁명시대에 네트워크 마케팅은 네트워크 마케팅 기업이 보유한 네트워크 마케팅의 인적 특성, 조직적 특성, 관계가치적 특성을 강화함으로써 경영자산의 핵심역량을 보유하게 되며, 이 네트워크 마케팅의 경영자산이 본사의 혁신역량과 리더의 마케팅역량을 강화시키면서 개인사업자의 성과와 보상성과의 유효성을 높였다는 점을 강조하였다.

네트워크 마케팅의 경영자산에 대한 프레임은 4차 산업혁명이 도래하면서 기존의 마케팅 3.0을 통해서 마케팅 시스템을 구축하고 조직역량을 강화하면서 경영성과를 높이는데 한계가 있다는 점을 제시하였다는 점에서 기존연구와 차이가 있으며, 마케팅 4.0 시대에 네트워크 마케팅의 경영자산을 강화함으로써 개인과 조직의 역량을 강화할 뿐만 아니라, 4차 산업혁명시대에 새로운 일자리를 창출하는데 방향성을 제시하였다는 점에서 의미 있는 연구이다.

제4부
네트워크 혁명 시대의 네트워크 마케팅 전략

12. 공유경제형 네트워크 마케팅

생각한 대로 이루어진다.

It is done as you think.

공유경제(sharing economy)의 용어는 2008년 하버드 법대의 '로렌스 래식(Lawrence Lessing)' 교수에 의해 처음 사용되었으며, 현재 공유경제 개념을 가장 근접하게 나타낸 정의는 '개인이 소유하고 있는 재화에 대한 접근권이나 사용권을 다른 사람들과 공유, 교환, 대여함으로써 새로운 가치를 창출해내는 경제 시스템이다. 또한 공유경제의 핵심적 가치인 '협력적 소비'는 '개인 간의 시장'과 기술적 네트워트를 통해 시공간의 한계를 넘어서 빠르게 확산되고 있는 추세이다.

공유경제가 확산되고 있는 배경은 첫째는 전세계적 금융위기로 인한 저성장, 고실업률로 소비패턴 변화와 잉여 및 유휴자원의 활용이 확산되고 있으며, 둘째는 기술의 발달과 온라인 플랫폼의 성장과 SNS를 통한 개인 간의 연결이 원활하게 되었으며, 셋째는 자본주의 사회의 대량생산, 과잉소비로 인한 잉여재화와 유휴자원의 낭비 등이 주요 원인으로 대두되고 있다.

공유경제형 사회

4차 산업혁명시대가 확산되면서 사회 전반에 공유경제의 바람이 불고 있고 사회 곳곳에 공유경제형 사회 현상이 나타나고 있다. 본 장에서는 공유경제의 개념 및 기능과 공유경제형 사회에 대해서 살펴보고자 한다.

공유경제의 유래는 1991년에 브라질에서 나타난 공유경제(Economy of Communion, EoC)에서 찾아볼 수 있으며, 브라질의 끼아라 루빅(CHiara Lubich, 1920~2008)에 의해 창시된 '포콜라레운동(Focolare movement)'으로 시작되었으며, 자본주의 사장경제에서 종교적 신념을 바탕으로 기업가가 공동선을 향해 나가고자 하는 공유경제의 한 개념이다.

끼아라 루빅의 '포콜라레운동'은 북부 이탈리아 지방의 삶의 방식이며, '포콜라레'는 이탈리아어로 '난로', 난로와 가정을 상징하고 있으며, 가족의 사랑, 안전, 온기를 잘 전하는 이미지가 내포되어 있다. 그 당시에 포콜라레 삶의 방식은 특히 몹시 추운 겨울에 힘든 하루를 마치고 난롯가에서 불을 쬐는 것이 가장 호사였던 북부 이탈리아 지방 사람들의 삶의 한 일부였던 것이다.

 포콜라레 에서는 모든 근심이 사라졌고, 밤의 어두움도 어머님의 보살핌과 불의 뜨거운 열기 앞에 사라졌다. 포콜라레 운동의 꿈은 친구와 가족사이의 친밀감을 전 세계적 규모로 확장시킨 것이다. 1940년대 끼아라 루빅과 그녀의 친구들에 의해 시작된 포콜라레 운동이 전 세계로 확산되면서 공유경제로 인한 새로운 경제시스템으로 바뀌고 있듯이, 네트워크 마케팅은 신자유주의에서 초월한 성공을 꿈꾸는 모든 사람들에게 성공의 기회를 제공함과 동시에, 전통적 삶의 방식을 4차 산업혁명 시대에 개인사업자(Independent Business Owner, IBO)의 네트워크 마케팅을 통해서 새로운 비즈니스의 장이 열리게 된 것을 의미한다.

 끼아라 루빅의 '포콜라레운동'으로 시작된 공유경제의 개념이, 이후에 2008년 하버드대학교 법대에 재직 중인 로렌스 래식(Lawrence Lessig, 2008)가 공유경제(sharing economy)를 창안하였고, 그는 공유경제는 개인이 소유하고 있는 재화에 대한 접근권이나, 사용권을 다른 사람들과 공유, 교환, 대여함으로써 새로운 가치를 창출해 내는 경제시스템이라고 하였다.

공유경제형 네트워크 마케팅

공유경제형 휴먼 공테크는 공유경제가 확산되는 사회에서 인간중심으로 상품-서비스 시스템, 물물교환, 협력적인 삶의 방식을 하는 공유경제의 협력소비 기술을 말한다. 인류의 공존, 협력, 지속가능성을 강조하는 공유경제는 포스트 개발의 일종이라 할 수 있다. 옥스퍼드 사전에 의하면 공유란 "많은 사람들이 함께 나누며 많은 사람에게 기여하는 일부 또는 부분"을 의미한다(Oxford Dictionary, 2015). 공유는 공유지의 문제와 공유의 본질 회복, 공동체주의로서 사회의 공동선 추구 등과 관련하여 사회적 주목을 받았다.

공유경제는 보다 공정하고 지속가능한 경제 실현을 위한 시민운동으로 출발하였다(Schor, 2014). 공유경제는 사회적으로 많이 사용되지 않는 자산이나 서비스를 일시적으로 이용, 공유 및 교환하는 활동을 의미한다. 전통경제가 개인의 소유를 통한 경제활동을 강조한다면, 공유경제는 사회의 공유를 통한 경제활동을 강조하며, 자원에 대한 소유보다 자원에 대한 접근성(accessibility)을 강조한다.

공유제도와 공유경제는 최근에 나타난 것이 아니라 자본주의 시대 이전에 세계 곳곳에 존재하였다. 우리나라의 품앗이나 중고 물건을 교환하는 아나바다 운동도 공유경제에 속한다. 현대적 의미의 공유경제는 하버드 대학의 Yochai Benkler 교수가 처음 사용했는데, 그는 인터넷을 통해 많은 사람들이 가치를 창출하는 일을 공동으로 수행하는 활동을 공유에 기반한 동료 생산(commons-based peer production)이란 용어로 사용하였다(Benkler, 2004). 그 이후 공유경제는 개인이 네트워크를 통해서 자주 사용하지 않는 자산을 서로 공유 또는 교환하는 시장을 의미하는 것으로 구체화되었고, 이는 금전적 또는 비금전적 이익을 위한 재화와 서비스의 공유 또는 교환과 관련된 제 활동을 포함하게 되었다(Koopman et al., 2014). 공유경제와 비슷한 용어로는 협력적 경제(collaborative economy), 동료-생산 경제(peer-prodection economy), 동료경제(peer-to-peer economy) 등이 있다(Koopman et al., 2014).

공유경제는 사용자-공급자-사회 간 연대와 협력적 소비를 통한 지속가능한 사회발전을 지향한다. 사용자는 저렴한 가격에 제품이나 서비스를 이용할 수 있고, 공급자는 유휴자원의 수입을 기대할 수 있고, 사회는 자원과 생산의 감소 및 환경문제의 해결을 추구할 수 있다. Schor(2014)는 사회에서 공유경제가 필요하다는 논리를 사회적, 경제적, 환경적 측면에서 종합하고 있다. 공유는 개인 대 개인을 연결하면서 사회적 연결성을 강화하고, 신규사업의 진입비용이 저렴하고 싼 값에 재화와 서비스의 구매, 교환이 가능하고, 자원의 집약적 사용이 약화되면서 친환경적 개발이 가능하다는 것이다.

공유는 서울과 같은 지방정부가 도시발전의 목표로 제시할 만큼 긍정적인 상징성을 내포하며, 인터넷과 휴대전화라는 신기술에 의존한다는 점에서 혁신적이며, 사회적으로 신기술에 의존한다는 점에서 혁신적이며, 사회적으로 친목이나 동호회와 같은 공유활동을 자극한다는 점에서 고무적으로 평가된다(Schor, 2014). 또한 공유경제나 공유활동은 대기업에 의해 운영되는 것이 아니라 공유기업에 소속된 서비스 공급자에 의해 이루어진다는 점에서 소비자의 관심이 높은데, 이는 대기업이 주도하는 시장 경제시스템에 대한 불만이 사회적으로 고조되고 있기 때문이다(Marshall. 2015).

공유경제는 경제성장 및 경제침체의 어떤 시기에도 적절한 경제 시스템이며, 소비를 통한 사회적 자본의 형성, 친환경적 개발에 의한 인류의 미래발전에 대한 청사진을 제공한다는 점에서 의미 있는 개발이다.

13. 네트워크 혁명과 네트워크 마케팅 전략

행동하지 않는 사람은 행동할 수 없는 사람과 같다.

A person who does not act is like a person who can not act.

산업화 이전에 사람들은 마을 단위의 공동체 안에서 가내수공업을 통해 경제 활동을 해왔다. 지역적으로 시장을 통해 교류하기도 했지만 지금에 비하면 소량 생산이었던 것을 변하지 않았다. 생산성도 떨어졌기 때문에 경제규모도 작은 수준에 불과했던 시기였으며 도시에 지역공동체 간의 커뮤니티 활동이 활발하게 일어났다. 산업화가 전 사회에 확산되면서 기업이 생산의 주체가 되어 대량 생산의 시대가 막을 열게 되었다. 규모의 경제를 달성하기 위해서는 필연적으로 기업에서 생산하는 재화의 양이 늘어나게 되며, 그 결과로 수 많은 상품들이 시장에 쏟아져 나오게 되었고 사람들의 소비형태도 자연스럽게 대량 소비를 전환하게 된다. 경제수준은 짧은 시간 동안 비약적으로 상승했고 사람들은 풍요로운 삶을 누릴 수 있게 되었다.

비즈니스 모델을 활용한 네트워크 마케팅 전략

비즈니스 모델을 네트워크 마케팅에 적용 가능한 것은 네트워크 마케팅은 초기비용이 아주 낮다는 것과, 우수한 네트워크 마케팅 전문가로부터 제품과 서비스와 관련된 전문적 지식을 습득할 수 있는 교육훈련 프로그램을 제공받고 있다(Peterson et al., 1989; Raymond and Tanner, 1994; Jones, 1995; Choudhary, 2013). 네트워크 마케팅에 전담해서 얻게 될 소득 수준까지 여러 번의 대규모 사업기회를 획득할 수 기회를 잡는 과정에서 추가 및 잔여소득을 획득할 수 있는 기회를 얻게 된다. 또한 네트워크 마케팅에 소요되는 시간에 유연성이 있고, 자신이 원하면 언제든지 그만 둘 수 있고, 자기 마음에 드는 대리인과 수시로 만나고 협력할 뿐 만 아니라, 네트워크 마케팅을 통해서 우수한 여행 기회도 추가로 얻을 수 있는 매력이 있다.

Choudhary(2013)는 사회경제적 개발을 위한 네트워크 마케팅의 역할에 대해서 논의하였다. 오늘날 네트워크 마케팅은 많은 분야에서 폭 넓게 확산되어 있으며, 보험사업도 그 중의 하나이다. 보험판매 정책은 정책적으로 동기부여가 떨어지고 느슨한 직업 중에 하나였으나, 보험사업에 네트워크 마케팅이 도입되면서 보험판매는 활력을 띠는 경쟁력 있는 산업이 되었다. 보험사업 분야는 한국가의 경제개발을 하는 과정에서 장기부채에 해당하는 사업인 반면에, 네트워크 마케팅은 사람들에게 새로운 사업기회를 제공하며 사회적 지위를 높여주는 사회경제적 효과를 제공하고 있다. 네트워크 마케팅 기업들의 여러 가지 역할 중에서 사회적 기여, 기업 간의 협력이 중요한 역할을 하고 있다.

Choudhary(2013)는 네트워크 마케팅은 선진국의 소비재 시장에 긍정적인 경제적 효과로 작용하고 있는 반면에, 개도국의 소비재 시장에서 소매시장을 교란하고 시장질서의 건전성을 해치며 현지시장의 법률적, 제도적 환경에서 네트워크 마케팅에 대한 부정적인 효과도 높은 것이 사실이다. 본 교재는 개도국이면서 신흥시장을 대표하는 인도시장에서 네트워크 마케팅에 참여하는 종사자들이 네트워크를 통해서 새로운 사업기회를 획득하고 자신들의 성공적인 마케팅 사례를 공유하고 성과에 따른 보상을 제공받는다는 점에서 긍정적 측면을 제시하였다는 점에서 의미 있는 연구이다. 특히 네트워크 마케팅은 인도의 보험시장에서 새로운 사업기회를 제공하고 젊은이들에게 일자리를 제공하는 등 인도 경제에 긍정적 기여를 하고 있다. 인도의 네트워크 마케팅은 초기에 Amway와 같은 다국적 네트워크 기업들에 대해서 부정적 인식이 많았으나, 점차 다국적 네트워크 기업들이 현지시장에서 새로운 일자리를 창출하고 장기적으로 자금의 흐름을 선순환시킨다는 점에서 긍정적으로 인식되었다는 점에서 시사점이 높은 연구이다.

협력소비를 통한 네트워크 마케팅의 공유경제 전략

많은 경제학자들은 공유경제형 사회의 삶의 방식이 협력소비, 온디맨드 경제, 긱 경제로 설명하고 있다. 협력소비(collaborative consumption)는 자신이 소유하고 있는 기술과 자산을 타인과 협력하여 상품과 서비스를 공유함으로써 시장이 필요로 하는 새로운 가치를 만들어 내는 것을 말한다. 온디맨드 경제(on demand economy)는 산업현장에서 모바일 결제시스템 등 IT

기술의 발전, 모바일 활용 역량의 확산, 모바일 및 온라인 네트워크의 소비자 수요를 즉각적으로 반영함으로써 재화 및 서비스를 제공하는 경제활동을 말한다. 긱 경제(gig economy)는 계약직이나 프리랜서와 같이 산업현장에서 필요한 사람을 임시로 구해서 일을 맡기는 형태의 경제 방식을 말한다.

레이철 보츠먼(Rachel Botsman, 2013)은 공동 저서 "내 것이 네 것: 떠오르는 협력 소비(What's Mine Is Yours: The Rise of Collaborative Consumption)"에서 공유경제와 협력소비를 거의 같은 개념으로 봤다. 레이철 보츠먼은 중고 거래도 전형적인 공유경제 방식으로 간주했다. 중고거래는 재판매를 통해 유휴 중고 자원을 재사용함으로써 중고자원의 사용 효율을 높여 준다.

협력 소비는 타인과 협력하여 상품과 서비스를 공유만 하고 소유권을 갖지 않으면서 함께 이용하고 나누어 쓰는 개념이다. 협력 소비는 공유경제에 바탕을 둔 개념으로 주택, 사무실 등을 일정 기간씩 필요에 따라 함께 이용하거나, 자동차, 자전거, 물품 등을 서로 함께 나누어 쓰는 것을 말한다. 협력 소비의 형태는 상품-서비스 시스템, 물물교환, 협력적인 삶의 방식을 바꿈으로써 수익을 창출하는 방식이다.

협력 소비의 방식 중에서 상품-서비스 시스템은 자동차, 주택 등 개인 소유 물품을 본인이 사용하지 않을 때 필요한 사람에게 임대해 부가 수익을 얻는 방식이다. 물물교환은 중고 물품을 거래하는 형태이다. 금전 거래 없이 무료 기부 혹은 증정 방식으로 운영되는 프리사이클(Freecycle), 이베이와 검트리 같은 중고 마켓, 유휴 물품을 맞 교환하는 커뮤니티 등이 여기에 해당한다. 또한 협력적인 삶의 방식은 비슷한 관심과 목적을 가진 사람이 한자리에 모여 시간, 공간, 기술과 같은 잠재적 자원을 교환하고 공유하는 방식이며, 타임뱅크(Time Bank)가 대표적인 사례이다.

14. 인더스터리 4.0 시대의 네트워크 마케팅 실무지침

절박함과 간절함이 결국 승리를 이끈다.

The desperation and the desire eventuality lead to victory.

인더스터리 4.0이 전 산업에 확산되면서 공유경제는 사람들 간의 협동과 나눔을 기반으로 하는 시대가 열리고 있다. 공유경제로 인하여 사람들은 새로운 직업을 얻기도 하고, 바람직한 나눔의 형태를 체험하기도 한다. 그런데 이용하는 사람들이 늘어나면 늘어날수록 피해를 보는 사람들의 목소리가 커지고 있다. 공유경제 기업에서는 플랫폼만 깔아 주고, 그 이후 개인 간의 서비스 교환은 책임을 지지 않아 사고가 발생하는 일이 빈번하다. 공유경제는 사람들이 직접 일자리를 만들고 협력해 갈 수 있는 이상적인 모델로 소개되고 있다. 남는 자원을 이용하는 것뿐만 아니라 좀더 기발한 기획력으로 아이템을 개발해, 서로 돕고 살면서 동시에 경제적 수익도 달성하는 것이기 때문에 장기적으로 공유경제를 통한 신뢰도 높아지고 개발자들이 플랫폼을 설계하고 이용자들이 노력하면 이러한 문제가 줄어들 것으로 예상된다.

네트워크 마케팅의 핵심가치는 좋은 인간관계에서 출발한다.

오늘날 좋은 인간관계를 유지하고 있는 네트워크 마케팅 기업들이 환경의 불확실성이 높아지고 있는 4차 산업혁명시대에도 지속적인 성장을 유지하고 있다. 좋은 인간관계를 통해서 네트워크 마케팅의 인적특성이 잘 구축되어 있는 조직들이 네트워크 마케팅을 성장시키는데 핵심가치가 되고 있다.

네트워크 마케팅의 인적특성은 네트워크 마케팅의 보편적 가치에 기반을 두고 조직성, 인간성, 사회성의 좋은 인간관계를 유지하고 있는 것을 말한다. 네트워크 마케팅의 조직성이 탁월한 네트워크 마케팅 기업들을 보면 경영시스템과 유통시스템이 다른 기업들에 비해서 잘 구축되어 있고, 본사의 혁신 역량과 리더의 마케팅 역량을 강화함으로써 네트워크 마케팅의 성과를 높이다. 네트워크 마케팅 기업의 인적특성으로 인간성이 네트워크 마케팅의 성과에 직접적인 영향을 미치는데, 이 인간성은 좋은 인간관계를 유지하는데 중요한 가치가 됨과 동시에 네트워크 마케팅에 참여하는 개인사업자의 마케팅 역량을 강화하는 데 핵심가치가 되고 있다. 사회성이 높은 네트워크 마케팅 기업들을 보면 다른 기업들에 비해서 본사의 혁신역량이 높고, 리더의 마케팅 역량이 탁월한 기업들이 많으며, 이 네트워크 마케팅 기업의 사회성이 네트워크를 성장시키는 동인력이 되고 있다.

인적특성의 조직성, 인간성, 사회성은 네트워크 마케팅뿐만 아니라 개인의 삶에도 중요한 요소이며 좋은 인간관계를 가지면 인적특성에서 오는 문제들을 해결하는데 도움이 될 수 있다. 좋은 인간관계는 행복이라고 강조한 하버드 의대 조지 배일런트 교수의 42년간 연구결과이며 행복은 곧 사랑이라는 결론을 도출한 사례도 있다. 또한 그는 좋은 인간관계는 배려, 솔선수범, 매너, 봉사, 겸손, 칭찬과 격려라고 정의하기도 하였다.

네트워크 마케팅은 인본중심의 사업이기 때문에 인(人), 인(仁), 인(忍)이 각인된 삶을 살아야 한다고 어느 대기업의 총수가 신년사에서 한 연설이다. 여기에서 (人)은 사람을 존중하는 마음으로 대하라, 인(仁)은 지혜롭고 어질게 살아라, 인(忍)은 어떤 일이든 인내하며 노력하면 반드시 결과가 생긴다는 깊은 의미를 담고 있다. 결국, 성공적인 인간관계는 이기적이 아닌 이타적이어야 하며 따뜻한 마음으로 모든 사람을 대할 때 주변 사람들이 보이기 시작한다는 뜻이며, 옛말에 좋은 인간관계를 비유적으로 쓴 고사성어에 화양백리(花香百里), 인향만리(人香萬里)라는 말이 있는데, 이는 꽃의 향기는 백리를 가지만, 사람의 향기는 만리를 간다는 말이다.

조직내 무형자산의 가치가 네크워크 마케팅을 성장시킨다.

무형자산에 대해서 과거에는 특허권, 상품권, 광업권, 실용신안권 등을 조직 내 자산의 가치로 중시한 반면에, 현재와 미래는 사회연결망체계(SNS), 카카오톡, 네이버, 다음과 같은 무형자산들도 네트워크 마케팅 범주에 속하는 자산형태도 경영자산, 즉 구조자산적 무형자산에 속한다.

네트워크 마케팅의 조직적 특성은 무형자산에 기반을 둔 인적자산, 조직자산, 관계자산, 상징자산으로 구분된다. 네트워크 마팅의 인적자산은 대인관계가 좋고 관계경험이 많으며, 대인관계의 목표의식이 강하고, 대인관계를 잘하며, 대인관계의 분위기를 잘 파악하는 사람이 자기매출과 조직성장에 좋은 성과를 낸다.

  네트워크 마케팅의 조직자산은 조직상황에 익숙하고, 조직생활 경험이 많고, 조직의 목표의식이 강화고, 조직관리를 잘하며, 조직분위기를 잘 파악하는 사람이 네트워크 마케팅에서 자기매출을 늘리고 자기의 조직을 성장시키는 효과를 발휘한다. 네트워크 마케팅의 조직자산은 네트워크 마케팅을 성장시키는 무형자산의 주요요인이다. 조직자산을 통해서 네트워크 마케팅 조직을 이끌고 성장시키려면 시스템, 조직문화, 멘토십, 전통적 가치관과 같은 개인의 능력을 하나로 통합하여 조직의 힘을 키워나가는 에너지이다. 일예로 세계적인 경영대학원 중에 하나인 펜실베니아의 와튼스쿨은 320년의 전통을 가지고 있는데, 이 대학 도서관의 입구에 "Taker are no great doer"라는 유명한 문구가 있다. 사업가는 말보다는 행동력이 있어야 한다는 말이다. 이 대학은 미국의 45대 대통령인 트럼프 대통령과, 세기의 전설적 투자가인 워런 버핏을 배출한 와튼스쿨이 조직자산의 대표적인 사례에 해당된다. 한마디로 네트워크 마케팅에서는 각 그룹 리더별로 시스템과 독특한 조직문화를 가진 정신세계로 전통적 가치관을 만들어가면서 조직자산을 키워나가고 있다.

 네트워크 마케팅의 관계자산은 이해관계자와의 관계가 좋고, 사업자간 돈독하며, 사업자간 상호이익을 위해 협력하며, 다른 사업자에 비해 고객에게 지속적인 혜택을 제공하는 사람이 다른 사람들에 비해서 네트워크 마케팅의 성과를 높인다. 네트워크 마케팅은 수평적 관계와 수직적 관계의 형성이 중요하다. 수평적 관계는 수입을 확대 시켜주고, 수직적 관계는 인정된 그룹과 수입을 가져다 준다. 네트워크 마케팅의 관계자산은 사람과의 관계이기 때문에 배려의 삶이 조직 내에서 중요한 결과를 가져다 주며, 이는 관계자산을 잘 관리함으로써 네트워크 마케팅이 대를 이어 네트워크를 유지 발전시킬 수 있으며 부를 누릴 수 있는 기반을 제공하게 된다. 일예로, 지난 500년 동안 존경받는 경주최씨 가문은 반경 10km 이내에 굶는 사람이 없도록하며, 흉년이 들 때는 절대로 땅을 사지말라는 엄격한 규율을 지키면서 배려의 삶을 통한 현대판 공유경제의 삶을 실천해 온 대표적인 가문이다.

 네트워크 마케팅의 상징자산은 네트워크 마케팅에서 고객과 사업자에게 믿음을 심어주며, 고객과 사업자에게 정직과 신뢰를 심어주고, 기업사회적 책임을 잘 감당하며, 다른 사업자에 비해서 명성을 중시하는 사람이 자기매출과 자기 조직성장을 통해서 네트워크를 발전시킨다. 인더스터리 4.0 시대에서 더욱 빛을 발휘할 네트워크 마케팅의 상징자산은 오늘날 신뢰, 정직, 명성과 같은 덕목이 더욱 가치를 높이고 있는데, 이 덕목들이 기업의 매출성장과 조직성장에 막대한 영향을 미치고 있다. 일예로, 아모레화장품 같은 굴지의 기업들을 보면, 이 기업들의 뿌리가 400년 부와 명예를 지켜온 개성상인의 정직과 신뢰에 기반을 둔 상징자산의 가치에 기반을 두고 있다. 또한 샘표식품 창업자는 직장생활 10계명 중 제일 중요하게 강조한 것이 "성실함과 정직"을 손꼽고 있으며, 샘표식품은 이 성실함과 정직의 상징자산을 기반으로 오늘날 세계적인 간장 명가로 성장시킨 비결이다.

소비자의 감성적, 사회적, 효능적 가치를 파고 들어가라

네트워크 마케팅의 관계가치적 특성은 소비자 가치에 기반을 둔 감성적 가치, 사회적 가치, 효능적 가치로 구분된다. 네트워크 마케팅의 감성적 가치는 지금과 같이 4차 산업혁명시대가 확산되는 시대에서 로봇이나 기계 등이 대신할 수 없는 사람만이 소통하며 감정을 교류하고 교감하면서 느낌으로 소비자 관계를 개선할 수 있는 유인한 가치이다. 감성적 가치는 네트워크 마케팅을 통해서 고객에게 주는 아름다움, 감동, 품위, 호감과 만족감, 즐거움과 기쁨 등과 같은 제품 서비스의 인식이다. 네트워크 마케팅의 감성적 가치는 인공지능형 로봇이 대신할 수 없는 영역 중 하나이며 네트워크 마케팅의 독자적 영역에 해당된다. 고객과 마케터들과의 1:1 관계로 고객에게 감동을 주고 만족을 주며 맞춤형 서비스를 제공하는 개인사업자(Independent Business Owner, IBO)의 역할이 더욱 필요로 한느 분야이기 때문에 인더스터리 4.0시대에서도 네트워크 마케팅은 직업이 소멸되지 않는 분야이며, 오히려 일자리 창출을 더욱 촉진하고 기여할 수 있는 분야이다.

네트워크 마케팅의 사회적 가치는 네트워크 마케팅을 통해서 고객에게 주는 인정감, 자존감, 특별한 관계 형성, 사회적 위상 등과 같은 제품서비스 이용의 인식을 말한다. 네트워크 마케팅 기업들은 단순히 제품만 판매하고 수익에만 집중하는 기업이 아니라, 사회공헌활동과 공익사업에 적극 참여하여 소비자들의 만족을 높이고 지역주민들에게 기여하는 기업들이다. 일예로, 한국 암웨이는 "NQ 지수"를 개발해서 전세계 어린이들의 영양지수를 개발해서 보급하고 있고, "미술관 개관" 활동을 통해서 신진 예술인을 지원하고, 지역주민들을 위한 삶의 공간을 제공하고 있다. 또한 한국 암웨이는 "One for One" 마케팅 활동을 수행하면서 한국 암웨이의 제품을 1개 판매할 때, 국내기업제품을 1개씩 끼어서 판매하고 있으며, "착한가계 발굴" 프로젝트를 통해서 우수 중소기업제품을 발굴하고 중소상인을 지원하고 돕는 운동을 수행함으로써 네트워크 마케팅의 사회적 가치를 실현시키고 있다.

네트워크 마케팅의 효능적 가치는 네트워크 마케팅을 통해서 고객에게 주는 비용 대비 적절성, 합리성 및 가성비, 상응한 혜택, 우수한 품질, 만족감 등과 같은 제품서비스의 인식을 말한다. 네트워크 마케팅의 세계적인 암웨이는 제품의 효능적 가치 중에서 가성비를 통해서 고객의 만족도를 지난 수십년간 유지해 온 대표적인 기업이다. 암웨이는 지난 60년 간 고객이 만족하지 못할 경우에 100% 환불제도를 실천하고 있다. 일예로 암웨이는 고농축세제를 생산하고 판매하는 과정에서 가성비를 통한 효능적 가치를 높이면서 친환경제품을 소비자에게 보급함으로써 인간과 자연의 피해가 올 경우에 100% 전량 폐기하는 전과정평가(Life-Cycle Assessment, LCA) 기법을 도입해서 실천하고 있는 대표적인 기업이다. 전과정평가는 제품과 시스템의 공급체인과정에서 원재료 공급단계로부터, 가공, 조립, 물류, 사용, 폐기 및 재사용 단계까지 전 과정에 에너지와 광물자원의 사용으로 인한 대기, 수질, 토양의 환경부하량을 정량화하고, 이 환경부하량으로 인해 발생할 잠재적 악영향을 규명하고 평가해서, 이를 저감하고 개선하고자 하는 기법이다.

본사의 혁신역량과 리더의 마케팅 역량을 개발해서 조직역량을 강화하라.

네트워크 마케팅의 조직역량은 조직역량에 기반을 둔 본사의 혁신역량, 리더의 마케팅 역량을 말한다. 네트워크 마케팅의 본사의 혁신역량은 고객가치를 실현하기 위해 새로운 아이디어를 창출하고 장려하며, 안정보다는 성장위주로 선도적인 역할을 하며, 경쟁자보다 비교적 우수한 연구개발 역량을 보유하고, 주력제품에 대한 핵심기술을 보유하고, 시장에서 경쟁사보다 우수한 유통 및 판매경로를 확보하고, 혁신역량을 제원하고 장려하는 조직문화를 말한다. 위대한 기업은 기본적인 업(業)과 가치(價値)에 충실한 기업이다. 50년, 100년이 지나도 지속적으로 성장하는 기업은 원칙을 지키며 인본(人本) 중심의 사업을 영위하는 기업이다. 국내 토양기업인 오뚜기, 남양유업, 동화약품, 태광산업, 신도리코 기업들은 국내의 경제적 상황이 열악하고 마케팅이 성숙되지 않은 상황에서도 고객가치를 실현하기 위해 본사의 혁신역량을 개발하고 강화한 결과 오늘날과 같이 네트워크 마케팅의 조직역량이 탁월한 기업으로 성장하여 왔다. 또한 글로벌 네트워크 마케팅의 선도기업인 암웨이는 1000여건의 특허출원, 1000명 이상의 석박사 연구원, 900만평 이상의 뉴트리 라이트 농장을 보유해서 450개 이상의 신제품을 직접 생산하고 100% 만족보증제도를 실시하고 있다. 암웨이는 세계 판매 1위 기업으로 NSF 인증을 받은 정수기와 영국 엘러지 재단 19개 물질을 모두 잡아내는 SKY 공기청정기와 친환경세제 등 59년간 전세계 59개국에 현지법인을 설립하고 100여국에 판매하고 있다. 또한 1990년부터 "One for One 제도"를 통해 국내 우수한 기업제품을 100만 ABO를 통해 유통시키고 상생번영(win-win game)하는 기업가정신을 가지고 있다.

　네트워크 마케팅의 리더의 마케팅 역량은 다른 사업자에 비해 시장 및 고객의 요구에 신속하게 대응하고, 지속적인 사후서비스를 고객에게 제공하고, 적극적인 마케팅으로 경쟁력을 강화하며, 사업자간 업무상 자주 접촉하며, 사업자간 서로 잘 알고 친밀한 관계를 유지하고, 사업자간 동일한 열정과 비전을 공유하고 사업자간 의사소통이 원활하며 커뮤니케이션 관리를 잘하며, 기업의 목표가 달성되도록 개별사업자에 비전을 제시하고 독려하는 교육훈련 시스템, 멘토십, 다양한 지원체계와 같은 환경을 말한다. 교육훈련시스템을 통해서 네트워크 마케팅과 관련된 경영철학을 가르치고 조직의 비전과 미션을 공유하기 위해서 리더 세미나와 홈미팅을 지원하는 프로그램을 마련하고 있다. 이 교육훈련시스템에 대한 맞춤형 서비스에 동참하며, 그룹원들이 성장하도록 지원하는 활동을 함으로써 네트워크 마케팅 기업의 매출이 성장하고 그룹이 성장하는 결과를 가져온다.

네트워크 마케팅 "10 Core 전략"으로 네트워크를 성장시켜라.

네트워크 마케팅의 보상성과는 네트워크 성장, 보상으로 구분된다. 먼저, 네트워크 마케팅의 네트워크 성장은 최종소비자에게 제품이 판매되고, 조직의 구축, 매니저 양성, 세일즈 리더 양성, 조직의 지속적인 유지 및 관리를 통하여 네트워크가 성장하는 것을 말한다. 소비자와 생산자와 직접 연결되는 직거래 형태로 중간유통을 배제하고 광고를 생략하는 대신 개인사업자(Independent Business Owner, IBO)들이 그 역할을 하면서 그

노력의 대가로 보상을 받는 IBO들이 많아짐으로써 네트워크 마케팅이 성장하고 발전하게 된다.

네트워크 성장을 위한 리더 양성프로그램에 대한 사례로 A사의 10 Core와 8 Step 과정이 대표적인데, 리더 양성프로그램에서 10 Core는 행동적인 부분과, 8 Step은 정신적인 부분에 대한 교육으로 구성되어 있다. 10 Core와 8 Step 과정은 NBS(Nuts & Bolts School), 성공대학(Success University)의 리더 세미나의 교육과정을 통해서 네트워크 마케팅 기업의 조직을 강화하고 구축하여 보상성과를 높인다. 10 Core 프로그램은 학습코어, 행동코어, 성장코어, 웰빙코어의 4단계로 구성되어 있다.

학습코어는 책읽기, 오디오 듣기(CD), 미팅참여에 대한 내용이 있다. 책읽기(read for 15 minutes a day)의 원칙은 "Leader is Reader"를 모토로 매일 15분 이상 책을 읽는 것이다. 책읽기의 방법은 첫 주에 책을 5분 읽고, 둘째 주에 10분씩 읽으면서 시간을 꾸준히 늘려나가도록 노력한다. 주로 창업자의 저서, 전기계발 도서, 건강관련 도서와 같은 사업관련 서적을 책읽기 대상으로 해서 회사를 이해하는데 도움이 되는 책들을 대상으로 스마트 폰의 이용시간은 하루 평균 4~5시간으로 하고, 책읽기는 하루 1시간씩 투자해서 10일에 책 1권을 읽고, 한달에 3권으로 1년애 36권을 완독하는 것을 목표로 한다.

오디오 듣기(listen to one tape a day)의 원칙은 타 그룹 오디오가 아닌 그룹에서 추천하는 오디오를 하루 1개 이상을 50번 이상 반복해서 들으면서 마음의 공감을 얻도록 한다. 오디오 듣기의 방법은 사업설명 오디오, 제품 오디어, 성공 스토리 오디오와 관련된 CD와 음원을 위주로 듣는다.

미팅참여(attend all functions)의 원칙은 주 2~3회 이상 참여를 하고, 가급적이면 모든 미팅에 참여하도록 노력한다. IBO에게 있어서 미팅참여의 의미는 직장인은 회사에, 학생은 학교에 집중하듯이 IBO는 미팅을 가장 우선해서 참여하고, 가급적이면 큰 미팅을 위주로 우선 참여(Functions, OSR 등) 한다. 미팅참여의 방법은 제품교육, OM(open meeting), 홈미팅(home meeting), OSR(oneday seminar rally), 펑션(functions)과 같은 방법을 활용해서 미팅참여를 촉진한다.

행동코어는 100% 제품애용, 사업설명, 소비자 관리에 대한 내용이 있다. 100% 제품애용(use the 100% favorite product)의 원칙은 전 제품을 100% 애용하는 것이다. 100% 제품애용의 방법은 네트워크 마케팅 사업은 단순 소비자에서 프로슈머로 인식을 전환하는 사업이며, 네트워크 마케터는 자신이 사용해 본 경험을 전달하는 사업이다. 소비가 사업이 되기 위해서는 내가 제대로 소비해야 하며 사업을 하기 때문에 제품을 사용하는 것이 아니라, 제품을 사용하다 보니 제품이 좋아서 사업으로 발전하는 것이다.

사업설명(Show the Plan, STP)의 원칙은 스스로 사업설명을 월 15회 이상으로 해서 2~5년 동안 사업설명에 참여하면 성공한다는 것이다. 사업설명의 방법은 3P 활동으로 비전과 가치를 "Plan"하고, 데몬으로 "Product"을 제공하고, 스폰서와 팀으로 "People"를 구성한다.

소비자 관리(make retail sales)의 원칙은 소비자 클럽 만들기를 통해서 가서 만나고, 이야기 하고, 써 보게 하라. 끈기와 열정으로 30명의 애용자 클럽을 만드는 것이다. 소비자 관리의 방법은 생활 자체가 사업인 개념을 통해 많은 고정고객을 확보해서 소비자 클럽을 만드는 것이다.

성장코어는 상담, 신뢰 쌓기, E-communication에 대한 내용이 있으며, 상담(be teachable)의 원칙은 상위 FPT 이상의 시스템에 Plug-in된 스폰서와 주 1회 이상 정기적인 상담과 피드백을 하며, 속도보다 올바른 방향을 가지고 진행하면서 상담을 안 하면 사업이 정체된다는 것이다. 상담의 방법은 네트워크 마케팅 사업과 관련된 책, CD, 미팅을 추천하며, 제품과 관련해서 소비자 만드는 방법, 사업자 후원 방법을 활용해서 상담 효과를 높인다. 또한 Los Map으로 현 상황을 체크하고 목표 달성 계획과 행동을 검토하고, 1년의 사업 Plan을 짜고 방향을 같은 방향으로 잡는다.

신뢰 쌓기(be accountable)의 원칙은 스폰서, 파트너, 소비자와 모든 사람들과 시간을 투자해서 신뢰를 쌓는 것이다. 신뢰 쌓기의 방법은 아주 작은 약속이라도 지키고 금전적으로 깨끗하고 도덕·윤리적이며 상식이 통하는 사람이 되어야 한다. 사람을 굳게 믿고 의지하지 않으며 하는 행동이나 말이 불안하고 의심하게 사업을 중단하는 경우는 사업보다 인간관계 형성이 잘못되어 그만두게 된다. 상대방의 말투나 어조를 따라하며 공감을 형성하고 상대방이 관심 있는 것들을 준비하는 준비성과 성실성을 가져야 한다.

E-커뮤니케이션(communicate with upline fequently)의 원칙은 효율성 있고 원활한 스마트 커뮤니케이션을 하고, 모든 것은 SNS를 통해 하는 것이 바람직하며, 정보전달과 프로모션을 잘 하는 사람이 성공한다. E-커뮤니케이션의 방법은 카톡으로 정보를 전달하고 격려와 칭찬을 통한 팀웍을 다지면서 3명 이상과 함께 약속할 때 용이한 방법이다. 카톡 외에도 인스타그램, 카카오플러스친구, 페이스북, 유튜브 등의 SNS을 활용해서 스폰서, 파트너에게 "감사합니다," "사랑합니다,"와 같은 마음을 전달하는 것이 효과적이다.

웰빙코어는 건강관리에 대한 내용이 있다. 건강관리(be healthcare)는 아무리 열심히 사업을 구축해도 건강을 잃으면 아무런 도움이 없다는 원칙이며, 건강관리의 방법은 유산소운동을 습관적으로 하는 것인데, 우리의 두뇌를 활발하게 활용하려면 산소와 영양분 공급이 필요하기 때문에 매일 30분 이상 운동을 하는 습관을 기른다. 이 유산소 운동 외에 식단을 조절하고 뉴트리라이트를 철저히 먹는 습관을 기른다. 습관의 작동 원리를 보면 습관은 보상에 대한 신호 때문에 생기는 반복행동이다.

네트워크 마케팅 "8 Step 전술"로 네트워크를 확장하라.

 네트워크 마케팅의 8 step 프로그램은 꿈·목표 설정, 결단·사업가의 자세, 명단작성·만남과 초청, 사업설명·후속조치, 채치기·사장학·상담·복제, 시스템의 이해와 용어설명·LOS·팀웍·리더십, 스피치 요령 및 효과, 매출증식·네트웍 구조조정의 8단계로 구성되어 있다.

 꿈·목표 설정(dream building)은 8 step 프로그램의 1단계로 우리들의 잃어 버린 꿈을 되찾고 목표를 설정하는 단계이다. 꿈을 설정하는 과정을 보면 네트워크 마케팅 사업을 시작하면서 자신이 진정으로 원하는 것을 아주 작은 것부터 큰 것까지 모두 기록한다. 자신의 꿈을 되찾기 위해서 갖고 싶은 것, 하고 싶은 것, 가고 싶은 곳, 되고 싶은 사람 등을 기록하는 과정에서 지금까지 잃어 버렸던 꿈을 되찾고 새로운 꿈을 설정하게 된다. 목표를 설정하는 과정을 보면 목표란 꿈과 일정을 결합한 것으로 설정한 꿈을 이루기까지 언제까지 그 꿈을 단계적으로 이루어 나갈 것인가를 세부일정을 정하는 과정이 목표가 되는 것이다. A사는 꿈·목표 설정하는 과정에서 1년 후 SP, 2년후 플레티늄, 3년후 에머랄드, 5년후 다이아 단계까지 자신의 꿈과 목표를 달성하기 위해서 구체적인 목표를 설정해 놓고 장기적인 목표에서 단기적인 목표를 작성하는 교육을 수행한다.

결단·사업가의 자세(the commitment)는 1단계에서 설정해 놓은 꿈과 목표를 달성하기 위해서 자신이 사업가의 자세로 어떤 결단을 내려야 할 것인가를 결정하는 2단계에 해당된다. 당장 1년후에 SP가 될 때까지 자신이 스스로 그 꿈과 목표를 도달하기 위해서 술을 끊는 결단을 내린다든지, 2년후 플레티늄이 될 때까지 금연을 하겠다는 결단을 내리는 것을 말한다. 3년후 에머랄드가 될 때까지 포카나 고스톱을 치지 않거나, 5년후 다이아가 될 때까지 좋아하는 낚시와 등산을 하지 않겠다는 구체적인 결단을 세워서 네트워크 마케팅 사업에 집중하도록 교육시킨다.

명단작성·만남과 초청(list-building and contact & invite)은 3단계로 네트워크 마케팅 사업을 성공적으로 달성하기 위해서 꿈과 목표를 설정하고 결단·사업가의 자세를 확립하고 난 이후에 네트워크 마케팅 사업의 스폰서와 업라인에 포함될 사람들의 명단을 작성하고, 그 사람들을 위한 만남과 초청의 자리를 만드는 것이다. 명단작성 과정을 보면 네트워크 마케팅에 참여할 사람들의 이름을 보통 250~300명 정도로 수첩에 적고 난 후에, 이들을 근접거리, 경제력 정도, 성격 유형, 사회적 지위 등으로 구분하여 1~5점 정도의 간격으로 점수를 매기고 합계를 내서 스폰서와 업라인으로 이들을 어떻게 접근할 것인가를 순서를 정한다. 만남과 초청과정을 보면 전화를 거는 요령으로 이른바 FORM의 방식을 교육시킨다. 전화로 권유할 때 처음에 가족(Family)에 대해서 이야기를 한 후, 직업과 직장(Occupation)에 대해서 화재를 잡고, 그 다음으로 레크레이션과 취미(Recreation)로 분위기를 상기시킨 후에, 마지막으로 전화를 건 용건인 메시지(Message)를 전달하라고 교육시킨다. 초청도 가급적이면 사업장(OM 미팅장)이 직접 초청하는 방식으로 하고 네트워크 마케팅 사업에 대한 내용으로 설명하기 보다는 새로운 비즈니스 세미나에 참석하기를 권유하는 방식으로 초청을 한다.

사업설명·후속조치(show the plan and follow up)은 8 step에서 4단계로 네트워크 마케팅 사업의 참여자에게 사업설명을 하고 후속조치를 하는 단계이다. 사업설명은 1:1 미팅, 스폰서와 같이 사람을 찾아가는 2:1 미팅으로 하거나, 상황에 따라 홈미팅에 초대하거나 사업설명회장(OM)에 초대하는 방식으로 사업설명을 한다. 1:1 미팅 단계에서 사업설명회장(OM) 단계로 갈수록 사업설명에 대한 효과가 높게 나타난다. 후속조치는 네트워크 마케팅 사업에 참여할 사람들에게 사업설명을 한 후에 즉각적인 후속지원을 하는 것을 말한다. 후속조치는 사업설명을 참여하고 난 후 24시간 안에 재접촉을 함으로서 네트워크 사업에 대한 집중도를 높이는데 있으며, 후속조치 후에 곧바로 다음 약속을 정하는 방식을 사용한다.

채치기·사장학·상담·복제(interview and show the business plan)는 네트워크 마케팅의 8 step 중에서 5단계로 채치기 과정, 사장학, 상담, 복제를 하는 단계이다. 채치기 과정은 네트워크 마케팅에 참여하는 대상들을 채치기 과정을 통해서 스폰서와 업라인로 분류될 사람을 선별하는 것을 말한다. 사장학은 네트워크 마케팅 사업은 IBO가 개인사업을 구축해 가는 것이기 때문에 사장으로 갖추어야 할 사장학에 대해서 교육시킨다. 상담에서 스폰서는 황금줄이라고 강조하며 스폰서와의 상담요령을 교육시킨다. 복제는 네트워크 마케팅을 성공적으로 이르게 하는 8 step에 대해서 가지를 치는 과정이다.

시스템의 이해와 용어설명·LOS·팀웍·리더십(follow-up and follow through)은 8 step 중에서 6단계로 네트워크 마케팅 사업에 대한 시스템을 이해하고 이 사업을 수행하는데 필요한 용어들에 대해서 설명하며, 스폰서십 라인(line of sponsorship, LOS)의 기능을 설명하고 네트워크 마케팅 사업이 성공을 거두기 위해서 스폰서와 업라인과의 팀웍을 어떻게 구축하고 리더십을 발휘해야 하는가를 교육한다.

스피치 요령 및 효과·수익구조(coach and strategize and return structure)은 8 step 중에서 7단계로 네트워크 마케팅에 참여하는 IBO들을 설득할 수 있는 스피치 요령 및 효과에 대해서 교육한다. 수익구조는 네트워크 마케팅의 보너스 종류, 연간 장려금, 특별보상프로그램(Sales Incentive Program, SIP), 여행프로그램(Non-Cash Award, NCA)에 대해서 교육한다.

매출증식·네트웍 구조조정(creating volume and width & depth)은 8 step 중에서 8단계로 네트워크 마케팅 사업에서 매출증식은 그룹의 매출증식을 말하며 네트워크 마케팅 사업에서 핵심사업자(core)가 누구이며, 핵심사업자가 되기 위해서 시스템의 Go Getter+를 습관화 하는 사업자가 그룹 매출증식에 기여하는 사업자이다. 네트웍 구조조정에서 Width는 네트워크 마케팅 사업을 통해서 직접 후원한 프론트 또는 계열의 수를 말하며, Depth는 네트워크 마케팅 사업에서 복제된 다운라인이 지속적으로 이어져가는 정도를 말한다.

네트워크 마케팅 보상방식에 기여한 개인사업자(IBO)에게 그 대가를 지불하라.

네트워크 마케팅의 보상은 보상방식이 조직의 넓이(width)와 깊이(depth)에 영향을 받고, 보상방식이 단순해서 하위라인을 구축하기에 용이하고, 보상방식의 기대수익을 예측하고, 소비자가 소비만 해도 보상에 많은 영향을 미치고, 보상규모가 상위라인에 영향을 크게 받는 것을 말한다. A사의 사례를 중심으로 네트워크 마케팅의 보상을 보면 A사는 네트워크 구조조정의 중요성, 네트워크의 개념이해 및 구성요소, 세일즈와 마케팅 플랜, 후원 및 후원수당 비율의 방식으로 보상하고 있다 네트워크 구조조정의 중요성(importance of width and depth)은 네트워크의 넓이(width)의 중요성과 깊이의 중요성으로 구분된다. 폭의 중요성은 폭을 충분히 벌려야 사업파트너들을 푸쉬하기 않게 되고 스토커가 된다. 즉 나의 사업이 산 두 명의 사업자에 의해 결정되기 때문에 초조하게 되어 스폰서로서 당당한 자세를 보여주기 힘들며 사업자들을 푸쉬하여 곧 잘 인간관계의 마찰을 가져오기도 한다. 넓이(width)를 충분히 벌리면 다운라인 각자의 페이스에 맞춰 도와줄 수 있고 이럴 때 다운라인이 따라오게 된다. 준비된 사람을 바로 Depth로 후원하고 그렇지 못한 사람은 기다리며 고객으로 관리할 수 있다. 깊이의 중요성에서 1레그 만의 깊이는 의미가 없다. 깊이는 네트워크의 안정과 보장(security)을 위해 반드시 필요하고 사업 입문자가 빠른 속도로 사업을 배우고 복제하여 성장시킬 수 있는 방법이며 Depth 후원을 뿌리내리기 혹은 닻줄 내리기라고 한다.

네트워크의 개념이해 및 구성요소(concept and component of width and depth)는 네트워크의 넓이(width), 깊이(depth), 팀워크(width, depth의 결합)로 구성된다. 네트워크의 넓이

(width)는 네트워크의 폭이라는 개념으로 네트워크 넓이가 곧 수입증가로 이어지며, 네트워크의 넓이를 확대하는 방법으로 STP(show the plan) 등이 활용된다. 네트워크의 깊이(depth)는 네트워크의 깊이라는 개념으로 네트워크 깊이가 곧 안정성 증가로 이어지며, 네트워크의 깊이를 확대하는 방법으로 후속조치(Follow up, F/U)와 상담이 활용된다. 네트워크의 팀워크(width, depth의 결합)는 네트워크의 시너지라는 개념으로 네트워크 넓이와 깊이가 곧 영원한 안정성으로 이어지며, 네트워크의 팀워크를 확대하는 방법으로 시스템 플러그인(system plug-in)이 활용된다.

세일즈와 마케팅 플랜(sales and marketing plan)의 수익구조는 광고비와 유통비용에서 절감된 35%가 일정한 규칙에 의해 분배되고, 매출(소비)에 따른 보너스는 23~26%, 정보전달 기여도는 보너스+a(여행 등의 NCA 보너스)로 되어 있다. 세일즈와 마케팅 플랜의 보너스는 1차부터 3차까지 구조화되어 있는데, 1차 보너스는 20만 PV 3%로부터 2000만 이상 PV 27%까지 보너스를 지급하며, 2차 보너스는 6%, 3차 보너스는 3.75%를 지급한다.

세일즈와 마케팅 플랜의 기본원리는 윤리성, 합리성을 확인하는 것으로 경험축적, 재구매, 애용자 증가, 제품수 증가가 성장조건과 이유이다. 세일즈 마케팅 플랜의 기본원리는 선착순이 아니라 노력여부에 따라 정확한 배분(수입역전 가능)을 하며 스폰서보다 내 몫이 많은 이유는 내가 정보전달 노력을 더 많이 했기 때문이다. 또한 스폰서 몫과 내 몫은 별개이며 스폰서 몫을 지워도 내 몫은 불변한다.

세일즈와 마케팅 플랜의 기하급수적 성장가능성은 나 혼자 소비(20만×3%)는 6천원인데 비해서, 나+6명 소비는 9만원, 나+30명 소비는 57만원, 나+78명 소비는 144만 6천원으로 기하급수적 성장이 가능하다는 것을 사업성으로 확인되었다. 기하급수적 성장 가능하게 되는 것은 수입의미가 판매수입이 아닌 정보전달 노력에 대한 보상으로 발생하며, 생필품, 애용자 증가, 제품수 증가를 통해서 수입이 발생하기 때문에 인세수입에 해당 된다.

후원 및 후원수당 비율(support and sponsorship allowance)에서 후원이라 함은 IBO로 가입하고자 하는 사람에게 네트워크 마케팅 사업에 대하여 설명하고 가입신청서를 작성, IBO로 가입하도록 안내한 후, 마케팅 플랜에 대해 정확하게 이해하도록 하여 제품과 서비스를 통하여 네트워크 마케팅 사업을 진행할 수 있도록 도와주는 일체의 행위를 후원이라고 한다. 또한 IBO로 등록을 원하는 사람은 반드시 등록된 IBO의 후원을 받아야만 등록이 가능하다. 후원의 종류는 직접후원, 국제후원, 대리후원으로 구분되는데, 직접후원은 IBO가 자국 내에 거주하는 사람을 후원하는 경우이며, 구제후원은 IBO가 다른 국가에 거주하는 사람을 후원하는 경우로 반드시 대리후원자를 선임하여야 한다. 또한 대리후원은 IBO가 자국 내에서 국제후원을 받고자 하는 사람을 국제후원자를 대신해서 후원하는 경우를 말한다. 판매점수치(Point Value, PV)와 판매가격치(Business Volume, BV)를 보면 후원수당의 비율은 불변치인 판매점수치(PV)와 가변치인 판매가격치(BV)로 나눌 수 있다.

보너스의 물가연동제를 감안하여 판매점수치(PV)와 판매가격치(BV)에 대해서 현재 상황과 10배 인상 상황을 비교해 보았다. 현재 상황에서 소비자가 14,300(회원가 11,000)인 경우에 10,000 BV와 10,000 PV가 되고, 1,000만 PV를 적용하게 되면 1,000개(21%)가 되어서 총 PV는 1,000만이 되고 210만원의 수입이 발생하게 된다. 10배 인상 상황에서 소비자가 143,000(회원가 110,000)인 경우에 100,000 BV와 10,000 PV가 되고, 1,000만 PV를 적용하게 되면 1,000개(21%)가 되어서 총 PV는 1억이 되고 2,100만원의 수입이 발생하게 된다. 이는 현재 상황에 비해서 10배 인상 상황은 물가가 상승하면 보너스도 상승하는 보너스의 물가연동제가 적용되기 때문에 판매점수치(PV)와 판매가격치(BV)가 10배 물가 상승의 효과가 나타나게 된다.

후원수당 비율은 3%로부터 27%까지 후원수당 비율에 차이를 보인다. 후원수당의 비율과 기준으로 비교를 해보면 3%(200,000 PV 이상), 6%(600,000 PV 이상), 9%(1,200,000 PV 이상), 12%(2,400,000 PV 이상), 15%(4,000,000 PV 이상), 18%(6,800,000 PV 이상), 21%(10,000,000 PV 이상), 23%(10,010,000 PV 이상), 25% (15,000,000 PV 이상), 27% (20,000,000 PV 이상)의 10개로 구분된다.

네트워크 마케팅의 보상방식은 조직의 넓이(width)와 깊이(depth)를 기준으로 네트워크 구조조정을 하고 있고, 세일즈와 마케팅 플랜을 통해서 단순하게 하위라인을 구축하면서 보상방식의 기대수익을 예측할 수 있도록 하고 있다. 또한 후원 및 후원수당 비율의 방식을 적용하면서 소비자가 소비만 해도 보상에 많은 영향을 미치면서 보상규모가 상위라인까지 영향을 미치게 하는 네트워크 마케팅의 보상방식이다.

제5부

호모 모빌리언스 시대의 일과 놀이

15. 플루토노미의 부호(富豪) 계급

부는 인간관계의 결과이다.

Wealth is the results of a human relationship.

호모 모빌리언스(Homo mobilians)는 인간은 개인 비서인 인공지능(Artificial Inteligence, AI) 로봇과 융합된 새로운 인간으로 진화하고 있고, 이 호모 모빌리언스는 미래 인류상을 기술하는 것이며, 미래 일자리는 호모 모빌리언스 시대에 노동, 일, 놀이 관점에서 일자리를 보고 있다. 오늘날 세계경제는 세계화와 기술혁명이 가져다 준 단맛을 맛본 이들 가운데 일부는 중산층이 몰락하고 있는 파국 속에서도 오히려 중상층의 연봉이 지나치게 높다고 보며, 금융위기도 분수에 맞지 않게 처신한 중산층에게 있다고 본다. 이러한 인식 때문에 부자증세 도입에 강력하게 반대하기도 한다. 지구상에 모든 부를 거머쥐고 있는 플르토크라트(plutocrat)는 플루토(Pluto)와 크라트(Kratos)의 용어가 결합된 것인데, 플로토는 그리스어로 '부'를 말하고, 크라트는 '권력'을 말하는데, 이 플루토크라트는 부와 권력을 가진 상위 1%가 과거의 갑부와 귀족보다 학력이 높고 전문적에 종사하면서 전 세계를 무대로 거래를 하며 일을 하는 부호 계급을 말한다. 플루토크라트는 세상의 1%의 부자들이 정부에 영향력을 행사하면서 부와 권련으로 세상을 지배하고 있다. 노벨경제학상 수상자인 조지프 스티글리츠(Joseph Stiglitz)는 "미국은 1%의, 1%에 의한, 1%를 위한 사회"라고 지적하면서 미국 사회의 양극화를 꼬집었다. 그는 미국 사회가 "국민의, 국민에 의한, 국민을 위한"이라는 민주주의 정신과 "기회의 땅"을 내세운 미국이 현재 그들이 비웃던 유럽보다 못한 기회 박탈의 땅이 되었다고 지적하였다. 스티글리츠가 산출한 계산법에 따르면 미국의 상위 1%가 소유하고 있는 국가 전체의 부는 40%에 이르고 있으며, 특히 상위층의 재산 구성을 보면 금융자산의 절반 가까이를 노동이 아닌 금융자산을 통해 획득하고 있다. 이 플루토노미의 부호계급은 경제인구 상위 10%가 전체 수입의 50%를 차지하는 등 소득과 소비의 집중화 현상을 말하는 것이다.

플루토노미(plutonomy)

이는 오늘날 네트워크 마케팅의 조직적 특성 중에서 상징자산의 중요성이 그 어느 때보다 세계경제에서 중요한 요인으로 작용하고 있는데, 이는 제 4차 산업혁명시대가 도래한 시점에서 21세기의 Plutonomy(Ajay Kapur, 2005, 2006) 현상이 나타나고 있는 것으로 보인다. Plutonomy라는 개념은 씨티그룹의 애널리스트인 Ajay Kapur가 창안한 용어로 '소수의 부자가 경제에서 차지하는 비중이 높아져 보통의 소비자보다는 소수 부유층의 영향력이 매우 큰 경제'를 의미한다. Plutonomy 현상은 16~17세기에 스페인과 네델란드의 자산가격 상승과 자산보유계층의 이익증가, 자산보유자나 고소득자에게 유리한 정책이 나타나는 현상에서 도래하였다. 오늘날 제 4차 산업혁명시대에서 네트워크 마케팅의 자산 중에서 상징자산의 중요성이 높아지고 있고, 네트워크 마케팅에 참여하는 개인사업자들의 경제적 수익이 일정한 변곡점을 지나서 기하급수(geometric series)적으로 증가하고 네트워크 마케팅의 특이점(singularity)을 통해서 마케팅의 혁신을 주도하고 있는데, 이는 네트워크 마케팅의 특성 중에서 상징성이 21세기의 새로운 부유계층이 평범한 개인사업자에 의해서 기하급수적으로 출현될 수 있다는 점에서 의미 있는 결과이다.

플루토노크라트(plutocrat)

플루토크라트는 크리스티아 프릴랜드가 쓴 책의 제목을 통해서 널리 알려지게 되었는데, 플루토크라트는 그리스어로 부를 의미하는 플루토스(plutos)와 권력을 의미하는 크라토스(kratos)의 합성어이다. 우리가 흔히 쓰는 '슈퍼리치'의 다른 말이기도 하는데, 한마디로 플루토크라트는 부와 권력을 양손에 가지고 전 세계를 다스리고 있다는 의미이다. 전 세계 인구 가운데 고작 0.1%에 해당하는 플루토크라트들은 1970년대 이후 본격화된 세계화, 민연화, 기술혁명 등을 비즈니스에 적절히 활용하면서 천문학적인 부를 손에 넣는데 성공하였다.

오늘날 세계경제에서 괄목할 만한 성장을 보이고 있는 브라질, 러시아, 인도, 중국, 남아프리카공화국 등의 브릭스(BRICS) 국가들은 후발 자본주의 국가들이 경험하는 첫 번째 도금시대와 서구가 맛보고 있는 두 번째 도금시대는 오늘날 놀랍게도 동시에 진행 중이다. 이 도금시대는 자본주의가 급격하게 발달하였던 시기를 말하는데, 오늘날은 이 쌍둥이 도금시대를 맞이해서 두 계급을 낳았다. 높은 교육수준과 천문학적 부를 가지고 자기들만의 커뮤니티를 구축하며 법과 제도를 입맛대로 바꾸려는 플루토크라트와 그 외의 나머지 사람들로 말이다. 분명한 것은 플루토크라트들이 지배하는 세상이 결코 지속 가능하지 않다는 사실이다. 19세기에 활동했던 미국의 위대한 경제학자이자 사회개혁가였던 헨리 조지는 그의 명성을 불후의 것으로 만든 명저 "진보와 빈곤"에서 오늘날의 플루토크라트를 비판하였다. "오늘날의 진보가 오로지 거대한 부를 축적하는 방향으로 흘러가는 한, 그릭 사치를 조장하고 부자의 집과 빈자의 집 간의 차이를 계속해서 강화하는 방향으로 나아가는 진정한 발전이라고 할 수 있으며, 그러한 진보는 영원하지 못할 것이다."라고 비판하였다. 헨리 조지의 지적은 오히려 지금 더욱 절절히 느껴진다. 경제 전반에 대한 국가의 적절한 개입과 조정, 공정하고 건강한 시장경제의 구축, 보편적 복지 및 기본소득 등을 정책수장으로 하는 부의 재편 등이 없이는 세계가 되었던, 한 국가가 되었던 유지하기 어려울 것이다.

플로토크라트들을 필두로 하는 고소득층과 자산가 계급에 대한 중과세를 가능케 하는 이론들은 이미 마련되어 있다. 확장된 지대 개념이 그것이다. 기업과 개인이 이룬 부가 사회적으로 축적된 지식의 결과라는 사회과학계의 정설의 이론적 출발점이 된 '로버트 솔로(Robert Solow, 1987)의 잔차이론(Residual Theory)도 확장된 지대 개념에 포섭될 수 있을 것이다.

16. 200년 장생생애 시대의 플로트크라트

상상하는 만큼 대처한다,

그리고 상상하는 만큼 생존한다.

You cope as you imagine,

and you live as you imagine.

불과 얼마 전까지만 해도 100살을 대비하라는 말들도 생경하게 들리더니만, 근자에 들어서는 어느 새 200살을 내다봐야 한다는 소리가 심심치 않게 나오고 있다.[2] 불로장생(不老長生)은 아니더라도 장생생애(長生生涯)는 서서히 그 윤곽이 드러나고 있는 것 같다. 큰 개념 없이 이런 말을 들으면 그렇게 오래 살아서 뭐하려고 하는 소리가 십상이지만, 만일 이런 일이 가능해지면 단순히 그렇게 말할 일이 아니다. 그런 세상이 온다면 누구도 그런 세상을 준비하고 살아내야 한다.

---

[2] 200년 장생생애 시대의 플루토크라트 환생은 엄길청글로벌투자캠퍼스 (http://blog.naver.com/gce9925)의 '200년 장생생애 자산관리학'을 재정리한 것임.

200년 장생생애(長生生涯) 시대의 자산관리

미국의 중산층을 상대로 조사한 것을 보면, 나이가 들면서 점점 생활의 불안이 가장 큰 것을 들었는데, 우선 모아 둔 자산이 많지 않다는 것이 가장 많았고, 그 다음으로 오래 살만한 집을 온전히 준비하지 못한 것, 적절히 교육받지 못하고 살아가는 것, 건강을 유지하고 살아가는 문제, 생활에 필요한 예산이 충분하지 못한 것 순으로 조사되었다.

만일 우리가 여기서 200살을 준비하는 대책을 세우라고 하면 어떤 답이 나올까, 그런 면에서 200년이 넘게 집안을 유지하고 있거나 사업을 펼치고 있는 기업들이나 팔리고 있는 상품들을 찾아 보는 것도 대안모색의 하나가 될 것이다. 200살을 구체적으로 어떤 모습으로 어떤 활동상으로 생을 유지하고 사느냐 하는 문제는 의학이나 과학의 영역이지만, 사회적으로는 일단 사업가로서나 자산가로서나 소비자로서의 긴 세월을 살아가야 한다는 점이다. 그리고 점점 그들의 가족들이 상당히 확대되는 가운데 살아가야 한다는 점이다.

결국 가장 유망한 것을 골라 이제부터 한 곳에 오래 머물러 살아갈 것이란 점이 가장 먼저 떠 오른다. 그리고 그 장소는 여러 대의 후손들에게 장구하게 살아가는데 필요한 여러 가지가 생활기반들이 지속적으로 풍요롭게 적절하게 잘 조성되어야 할 것이다.

200년 장생생애(長生生涯) 시대의 플루토크라트 환생

영국의 왕실이나 일본의 왕실을 보면 안다. 영국여왕이 거주하고 있는 집무하는 런던의 버킹검 궁전은 1837년에 빅토리아 여왕 때부터 그 가족들이 근 200년 가까이 살고 있는 곳이다. 도쿄에 있는 일본 황거는 1590년에 지어져 지금껏 일본 천황의 가족들이 대대로 살고 있다. 런던의 여왕의 집은 근처에 아들의 집인 켄싱턴 궁이 가까이에 있고 그 사이에 하이드 파크라는 거대한 공원이 있다. 영국의 부자들이 산다는 메이페어도 여왕 거처와 바로 가깝고 하이드 파크와는 붙어 있다. 세계적으로 알아주는 헤로드 백화점도 여왕 거처와 아들 거처의 중간에 있고, 영국의 6대 명문대의 하나인 임패리얼 칼리지도 그

사이에 있다. 자연사 박물관도 그 근처에 있고, 왕립미술관도 그 동네에 있다. 런던에서 여왕거처 주변이 가장 부동산 시세가 강하고 요즘은 곳곳에 도시재생이 한창이다.

일본 천황거처도 도쿄의 가장 중심부에 있다. 주변을 연못으로 빙 돌려가며 파 놓은 이곳은 도쿄역이 가깝고 국회가 근처에 있으며 호텔이 많고 방송국이 있고 일본의 대기업 본사가 즐비하다. 도쿄역을 지나면 바로 일본의제일 번화가이자 쇼핑의 중심지인 긴자가 나온다. 요즘 천황거처 주면의 오테마치 지역은 가장 비싼 지역으로 고급스럽고 호화로운 빌딩으로 도시재생이 활발하다.

이 플루토노미(plutonomy)는 금권주의란 단어인데 오랜 시간이 흐르고 나면 권력과 돈은 하나가 되어 권력이 곧 돈이고, 돈이 곧 권력이란 의미이기도 하다. 만일 여기서 인간들이 정말 200살을 도전한다면 그것은 엄청난 자산가 집안들이나 사회적 유력자 집안들이 할 수 있는 일이다. 그리고 그들은 마치 궁전 같은 거처를 도심부에 만들기 시작할 것이다. 교육도 상당한 변화가 예상된다. 이미 우리의 대중교육은 평준화를 넘어 평등한 교육으로 가고 있지만, 이제 더 장생할 수 잇는 집안의 가족들은 별도의 교육시스템을 가질 것으로 보인다. 지속적인 신교육이 진행되어 그의 가족들이 새로운 시대의 변화를 앞장서서 받아들이고 언제나 사회와 시대를 주도하는 힘을 가지려 할 것이다. 가족들의 건강을 유지하는 시스템도 대중의 의료보건 시스템이 아닌 별도의 온전한 의료보건 환경을 조성할 것으로 보인다. 결국 큰 살림을 맡아 체계적으로 관리하는 집안의 생활관리자들을 고용하여 이른바 스튜워드(steward) 즉 집사를 채용하여 전문적인 집안관리와 자산관리를 맡길 것으로 보인다. 그들은 점점 삶의 온전함과 세상에 대한 연민, 신에 대한 진실함 등의 새로운 생애가치를 가지고 살아가는 품격 있는 인생(dignity of life)을 장생생애(長生生涯) 자산관리의 소중한 덕목으로 여길 것으로 보인다.

17. 일할 보람이 있는 인간다운 일
(Decent Work)

오늘을 마지막 처럼 살아라.

Live today as the last.

디센트 워크(decent work)는 최근 사회적 화두로 떠 오르고 있는데, 디센트 워크는 1999년 후안 소마비아 전 국제노동기구(ILO) 사무총장이 주창한 뒤 2008년 세계 금융위기를 거치면서 세계적으로 주목받는 주제다. 룰라 다 실바 전 브라질 대통령은 2002년 대선 당시 디센트 워크와 유사한 '디센트 브라질'을 선거구호로 사용해 인기를 끌었다. 오늘날 과 같이 가진자와 못 가진 자의 양극화는 사회 전체 번영에 위기감을 주다 못해 많은 젊은이들에게 실망감을 주고 있다. 일자리를 찾아 헤메는 실업자들과 일을 해도 살아가기 어려운 워킹푸어(working poor), 노동법 보호조차 받지 못하는 비전형 노동자들, 이제 지속가능한 사회와 경제발전을 이루기 위해 디센트 워크에 주목해야할 시점에 와 있다.

실용주의(pragmatism)

이는 오늘날 네트워크 마케팅의 관계가치적 특성 중에서 개인사업자들이 감성적가치를 통해서 네트워크 마케팅의 성과를 높이고 있는데, 이는 네트워크 마케팅의 감성적 가치가 Pragmatism(Charles Sanders Peirce, 1870), Empiricism(2004)을 지향하고 있다는 점에서 의미 있는 연구결과이다. Pramatism 라는 개념은 1870년 경에 찰스 샌더스 퍼스가 제시한 개념으로 '실용주의'라는 의미로 해석되고 있다. 실용주의는 인간의 경험 안에서 실행적 시험을 거쳐야 특정한 아이디어, 혹은 발상의 전환이 나타날 수 있다는 점에서 네트워크 마케팅의 관계가치적 특성 중에서 감성적가치와 밀접한 관련이 있는 이론이다. Empiricism(2004)은 '경험론'으로 해석되는데, 경험론은 인식론으로서 알려진 인간의 지식에 관한 학문들 중 가장 널리 퍼진 관점이며, 경험론에서는 감각에 의한 지각을 중시한다는 점에서 네트워크 마케팅의 감성가치와 밀접한 관련이 있는 이론이다. 또한 네트워크 마케팅은 마케팅 분야에서 네트워크 마케팅의 감성적가치를 높일수 있다는 점에서 실용주의, 경험론과 같은 고전이론에 기반을 두고 있으면서, 행태경제(behavioral economics), 바이럴 마케팅(viral marketing)의 특성을 보이고 있다는 점에서 네트워크 마케팅은 마케팅 분야에서 새롭고 혁신적인 개념을 포괄하는 마케팅 활동으로 보인다.

통합적 에너지(integrated energy)

본 교재는 네트워크 마케팅의 혁신역량과 마케팅을 중심으로 비즈니스 경영자산특성이 보상성과에 미치는 영향을 통해서 네트워크 마케팅의 통합적 에너지를 설명하고자한다.

첫째, 네트워크 마케팅의 조직역량 중에서 리더의 마케팅역량이 네트워크 성장, 보상과 같은 네트워크 마케팅의 보상성과를 증가시킨 반면에, 본사의 혁신역량은 네트워크 마케팅의 보상성과에 직접적인 영향을 미치지 않았다. 네트워크 마케팅 성과를 높이고 있는 IBO는 사업자와 업무상 자주 접촉하면서 서로 잘 알고 친밀한 관계를 유지하고, 사업자 간 동일한 열정과 비전을 공유하는 활동과 같은 리더의 마케팅역량이 네트워크 성장으로 나타나고 보상으로 이어지는 성과를 보였다. 또한 IBO가 사업자 간 의사소통을 원활하게 하고 커뮤니케이션 관리를 잘 하는 것 뿐 만 아니라, 기업의 목표가 달성되도록 개별 사업자에 비전을 제시하고 독려하는 리더의 마케팅역량이 보상성과로 이어졌다.

둘째, 네트워크 마케팅의 인적특성 중에서 조직성, 인간성, 사회성은 모두 네트워크 성장, 보상에 직접적으로 기여하지 못하였다.

네트워크 마케팅 개인사업가(Independent Business Owner, IBO)가 네트워크 마케팅의 좋은 인적특성을 확보하려고 하는 것은 네트워크 마케팅의 조직역량을 강화시키고자 하는 목적에서 하는 것이지, 네트워크 마케팅의 보상성과를 높이고자 하는 동기로 마케팅 활동을 하는 것은 아니다. 특히 네트워크 마케팅의 인간성과 사회성에 비해서 좋은 조직성을 확보하려고 하는 것은 본사의 혁신역량을 강화시키면서 네트워크 마케팅의 성과를 높이고자 하는데 있다.

셋째, 네트워크 마케팅의 조직적특성 중에서 인적자산과 조직자산이 네트워크 성장을 높이고 보상으로 이어진 반면에, 관계자산과 상징자산은 보상성과에 직접적인 기여를 하지 못하였다. 네트워크 마케팅 개인사업가(Independent Business Owner, IBO)가 네트워크 마케팅의 상징자산을 구축하려고 하는 것은 본사의 혁신역량을 높여서 네트워크 마케팅의 조직역량을 강화시키고자 하는 목적에서 수행한다. 이에 비해서 네트워크 마케팅의 인적자산과 조직자산은 네트워크 마케팅의 조직역량을 강화하고자 하는 것이 목적이 아니고, 보상성과를 높이고자 하는데 우선적인 동기가 있다.

넷째, 네트워크 마케팅의 관계가치적 특성 중에서 효능적가치가 네트워크 성장을 높이고 보상으로 이어진 반면에, 감성적가치와 사회적가치는 보상성과에 직접적인 기여를 하지 못하였다. 네트워크 마케팅 개인사업가(Independent Business Owner, IBO)가 네트워크 마케팅의 감성적가치와 사회적가치를 높이려고 하는 것은 본사의 혁신역량과 리더의 마케팅역량을 높여서 네트워크 마케팅의 조직역량을 강화시키고자 하는 목적에서 수행한다. 이에 비해서 네트워크 마케팅의 효능적가치를 높이려고 하는 것은 네트워크 마케팅의 조직역량을 강화하고자 하는 목적도 있는가하면, 네트워크 마케팅의 분야에 따라서 효능적가치를 높여서 네트워크를 성장시키고 보상 프로그램과 연결시키고자 하는 목적에서 수행되기도 한다.

정념(passim)

암웨이(Amway)같은 조직적 기업들의 전성기 시대에 네트워크 마케팅의 저력을 이어오면서 지금의 4차 산업혁명시대에도 생존력을 드러내고 있는 것은 네트워크 마케팅을 통해서 보편적 가치를 공유하면서 지속성장가능성을 추구해 나간 것이 기업의 탁월한 역량이다. 이는 그동안 암웨이(Amway)같은 기업이 네트워크 마케팅을 통해서 내부적으로 업적의 치열함을 경쟁함과 동시에, 수평적으로 협력과 후원의 문화를 고양하고, 외부적으로 사회가치와 시대의 요구를 과감하게 이루어 나가는 조직성, 인간성, 사회성에 기반한 암웨이 통합적 에너지의 결과이다.

암웨이(Amway)같은 기업이 보유하고 있는 통합적 에너지는 조직구성원과 조직 내에 내재되어 있는 정념(情念, passim)에서 찾아볼 수 있는데, 이와 같은 글로벌 기업의 네트워크 마케팅에서 정념이 기업의 비전과 사명을 달성함과 동시에, 조직구성원과 조직 내의 기업문화를 지속적인 교육과 훈련을 통해서 조직구성원의 정서를 정념으로 변환시키면서 끊임없이 보편적 가치를 확산시켜 암웨이 기업 만의 정념인(情念人, passim men)을 만들어 나간 결과로 보인다.

정념은 인상과 관념으로 구분되는 지각 중 인상에 속하는 정서의 일종이다. 인상에는 근원적 인상과 이차 인상으로 구별되는데, 근원적 인상은 영혼에서 선행하는 지각없이 발생하는 인상으로 신체구조와 동물적 기분에서 생겨나거나 신체외부기관 대상들이 자극함에 따라 생겨나는 것이다. 감각인상, 신체적 고통, 쾌락이 근원적 인상에 속한다. 이차 인상 도는 반성인성은 근원적 인상에서 직접적으로 유래하거나 근원적 인상의 관념이 개입함으로써 생겨난다. 정념은 이 반성인성에 속한다.

정념은 격정, 욕정이라고도 하는데, 고대 아리스토텔레스의 윤리학에서 파토스(pathos)욕정, 분노, 공포, 기쁨, 증오심, 연민 등의 쾌락이나 고통의 일시적이고, 수동적인 감정을 말하는 반면에, 에토스(ethos)는 성격, 습관, 도덕 등의 지속적인 상태를 말하고 있으며, 기독교에서는 특히 예수의 고통, 수난 등을 의미한다. 근대에 와서 데카르트(Descartes, 1596-1650)는 그의 이원론의 입장에서 신체와 정신을 대립시켜 물체인 신체로부터 정신에 작용하는 정신의 수동을 정념(Passion)으로 표현한다. 데카르트의 정념론에서 말하는 정념은 사랑, 증오, 두려움, 분노 등이 그 대표적인 예이다.

정념은 격심한 일시적인 감정의 고양상태로 간주되며 그와 동시에 다른 한편으로 무엇인가에 대한 지속적인 니즈라는 의미로도 사용되고 있다. 이는 생리학적으로 기계론으로써 설명하면서 정신의 수동을 의지력으로 극복하려는 인간의 자유를 인정하였다는 점에서 정서와 구분되는 개념이다. 정념은 협의로 수동에 의한 소산으로 간주되기도 하지만, 광의로 개개인이 어떤 외부의 힘에 억눌려져 있는 상태로부터 생겨나며 나아가 여기에 반발하는 감정의 움직임으로 간주된다. 한마디로 정서가 차분한 자기반성을 의미하는 반면에, 정념은 격렬한 자기반성을 통해서 자신뿐만 아니라 조직 전체에 통합적 에너지를 모으고 확산시켰다는 점에서 암웨이(Amway) 같은 기업에서 일하는 개인사업가(Independent Business Owner, IBO)의 정념

(情念, passim), 정념인(情念人, passim men)은 자사가 보유하고 있는 네트워크 마케팅 특유의 경영자산이다.

일할 보람이 있는 인간다운 일(decent work)

네트워크 마케팅의 인적특성, 조직적 특성, 관계가치적 특성이 네트워크 마케팅 성과에 긍정적인 영향을 미쳤다(김학천, 2018). 첫째, 네트워크 마케팅의 인적특성 중에서 조직성이 좋을수록 본사의 혁신역량이 강화된 반면에, 리더의 마케팅역량을 강화시키지는 못하였다. 네트워크 마케팅의 인적특성 중에서 조직성 외에 인간성, 사회성은 본사의 혁신역량과 리더의 마케팅역량을 강화하는 데 기여하지 못하였다. 네트워크 마케팅 성과를 높이고 있는 개인사업자(Independent Business Owner, IBO)는 네트워크 마케팅의 좋은 조직특성을 잘 구축해 놓고, 경영시스템과 유통시스템을 활용하여 성과를 높이고 있으며, 본사의 혁신역량도 적극 활용하여 네트워크 마케팅의 성과를 높이는데 집중하고 있다.

이는 경영활동에 참여하는 개인사업자(Independent Business Owner, IBO)들이 Decent work(ILO, 1999, 2006)를 찾고 있다고 하는 점에서 의미 있는 연구결과이다. Decent work라는 개념은 1999년에 국제노동기구(ILO) 총회에서 제시한 개념으로 '일할 보람이 있는 인간다운 일'이라는 의미로 해석되고 있다. 경영활동에 참여하는 노동자들이 일을 통해서 자신의 경제적, 사회적, 문화적 권리를 찾아냄과 동시에 일할 보람이 있는 인간다운 일을 통해서 삶을 윤택하게 한다는 점에서 네트워크 마케팅의 인적 특성의 중요성을 뒷받침하는 결과이다.

둘째, 네트워크 마케팅의 조직적특성 중에서 상징자산이 잘 구축되어 있을수록 본사의 혁신역량이 강화된 반면에, 리더의 마케팅역량을 강화시키지는 못하였다. 네트워크 마케팅의 조직적특성 중에서 상징자산 외에 인적자산, 조직자산, 관계자산은 본사의 혁신역량과 리더의 마케팅역량을 강화하는 데 기여하지 못하였다. 네트워크 마케팅 성과를 높이고 있는 개인사업자(Independent Business Owner, IBO)는 고객과 사업자에게 정직과 신뢰를 주고, 믿음을 심어주고 있으며, 기업사회적책임을 잘 감당하거나, 지속성장가능성을 추구하는 개인사업자

(Independent Business Owner, IBO)의 네트워크 마케팅 활동이 자기 매출과 자기 조직성장의 성과로 이어지는 것을 보인다.

우리나라 장수기업의 대표적인 사례로 400년 부를 지켜온 개성상인의 철학이 있다. 개성상인은 정직하라 신뢰를 잃지 마라, 한가지 일에 집중하라, 국가에 도움이 되는 사업을 하라, 똑똑한 사람한테 기업을 물려 주라, 부채가 없도록 하라고 하는 경영철학으로 오늘날까지 400년의 개성상인의 명성과 부를 유지해 오고 있다.

개성상인의 대표적인 기업으로 아모레퍼시픽, 동양제철화학, 한일시멘트, 신도리코 등의 기업들이 장수기업에 해당되며, 글로벌 기업으로는 암웨이(Amway)가 네트워크 마케팅을 글로벌 시장에서 선도한 대표적인 장수기업의 사례들이다. 위의 사례에서 보듯이 오랜 세월을 부와 명성을 지켜온 기업이나 개인들을 보면 동서고금을 통해 인간중심의 경영철학의 중요성을 강조해 오면서 경영현장에 실천해 온 것을 볼 수 있다. 오늘날 장수기업의 핵심 성공요인은 네트워크 마케팅 비즈니스(network marketing business)에서 찾아 볼 수 있으며, 이 네트워크 마케팅 비즈니스는 감성감각과 인성을 겸비하고 있으면서 신뢰, 사랑, 배려, 헌신, 정직 등의 덕목을 가진 사람들이 4차 산업혁명시대에 살아남을 수 있는 비결이 되는 동시에, 마케팅 4.0 시대를 선도하는 핵심 성공요인이다.

셋째, 네트워크 마케팅의 관계가치적 특성 중에서 감성적가치가 높을수록 본사의 혁신역량이 강화되었으며, 사회적가치가 높을수록 리더의 마케팅역량이 강화되었다. 네트워크 마케팅의 관계가치적 특성 중에서 효능적 가치가 높을수록 본사의 혁신역량뿐만 아니라, 리더의 마케팅역량도 함께 강화되는 효과를 가져왔다. 이는 네트워크 마케팅을 통하여 제공하는 제품서비스가 고객에게 아름다움, 감동, 품위, 호감과 만족감, 즐거움과 기쁨을 주는 감성적가치의 행위는 본사의 혁신역량을 강화시키는 효과를 가져왔으며, 제품서비스의 이용이 고객에게 인정을 받고, 고객의 자존감과 만족감을 높이고, 고객과의 특별한 관계를 형성하는 사회적가치의 행위는 리더의 마케팅역량을 강화시키는 효과를 가져왔다. 또한 제품 서비스의 비용에 대비 적절성, 가성비, 상응한 혜택, 우수한 품질 제공, 만족감을 주는 효능적가치의 행위는 본사의 혁신역량과 리더의 마케팅역량을 강화시키는 효과를 가져왔다.

이는 오늘날 네트워크 마케팅의 관계가치적 특성 중에서 개인사업자들이 감성적가치를 통해서 네트워크 마케팅의 성과를 높이고 있는데, 이는 네트워크 마케팅의 감성적 가치가 Pragmatism(Charles Sanders Peirce, 1870), Empiricism(2004)을 지향하고 있다는 점에서 의미 있는 연구결과이다. Pramatism라는 개념은 1870년 경에 찰스 샌더스 퍼스가 제시한 개념으로 '실용주의'이라는 의미로 해석되고 있다. 실용주의는 인간의 경험 안에서 실행적 시험을 거쳐야 특정한 아이디어, 혹은 발상의 전환이 나타날 수 있다는 점에서 네트워크 마케팅의 관계가치적 특성 중에서 감성적가치와 밀접한 관련이 있는 이론이다. Empiricism(2004)은 '경험론'으로 해석되는데, 경험론은 인식론으로서 알려진 인간의 지식에 관한 학문들 중 가장 널리 퍼진 관점이며, 경험론에서는 감감에 의한 지각을 중시한다는 점에서 네트워크 마케팅의 감성가치와 밀접한 관련이 있는 이론이다. 또한 네트워크 마케팅은 마케팅 분야에서 네트워크 마케팅의 감성적가치를 높일 수 있다는 점에서 실용주의, 경험론과 같은 고전이론에 기반을 두고 있으면서, 행태경제(behavioral economics), 바이럴 마케팅(viral marketing)의 특성을 보이고 있다는 점에서 네트워크 마케팅은 마케팅 분야에서 새롭고 혁신적인 개념을 포괄하는 마케팅 활동으로 보인다.

저 자 약 력

김학천 박사

- 경기대학교 네트워크 마케팅 박사
- 경기대학교 최우수 박사학위논문상 수상
- 2017 세계춘천코리아오픈태권도대회 한국선수단 단장
- 한국투자신탁 부지점장
- Amway Founders Triple Diamond
- 2019 Albert Nelson Marquis Lifetime Achievement Award 수상
- Marquis Who's Who MBO 보도기사 "Dr. Hak Cheon Kim Presented with the Albert Nelson Marquis Lifetime Achievement Award by Marquis Who's Who (Jun 4, 2019)
- 미국 Wx News 보도기사 "Dr. Hak Cheon Kim is the Founder of Founders Triple Diamond of Amway Inc., also serving of Amway of Network Marketing since 1995 (May 20, 2019)

함께 나누며 함께 쓰고 함께 성공하는
공유경제 시대의 네트워크 마케팅

2019년 7월 2일 인쇄
2019년 7월 8일 발행

저　자 | 김학천
발행인 | 최익영
펴낸곳 | 도서출판 책연
주　소 | 인천광역시 부평구 부영로 196
Tel (02) 2274-4540 | Fax (02) 2274-4542
ISBN 979-11-965715-6-6　03320　　　정가 20,000원

저자와 협의 하에 인지는 생략합니다.
잘못 만들어진 책은 구입하신 서점에서 교환해 드립니다.